Ute Rentmeister (Hg.)

„Lärmende Stille im Kopf"
Musiktherapie in der Psychiatrie

Schriften aus dem
Institut für Musiktherapie
am freien musikzentrum münchen e. V.

Beiträge zur Musiktherapie Band 9

freies musikzentrum
münchen e. V.

freies musikzentrum münchen e. V.

„Lärmende Stille im Kopf“

Musiktherapie in der Psychiatrie

Beiträge der 14. Musiktherapie-Tagung 2006
(4. – 5. März 2006)

herausgegeben von
Ute Rentmeister

forum zeitpunkt
Reichert Verlag Wiesbaden 2006

Umschlagabbildung: Christian Eckler, Improvisation – www.ch-eckler.de

Bibliografische Information der Deutschen Nationalbibliothek
Die Deutsche Nationalbibliothek verzeichnet diese Publikation in der Deutschen Nationalbibliografie; detaillierte bibliografische Daten sind im Internet über http://dnb.ddb.de abrufbar.

Dr. Ludwig Reichert Verlag Wiesbaden 2006
ISBN: 3-89500-535-5
ISBN-13: 978-3-89500-535-0

Gedruckt auf alterungsbeständigem Papier mit neutralem pH-Wert.
Printed in Germany.

Inhalt

Vorwort

Mit diesem Buch liegt der Band der gesammelten Vorträge der Tagung „Lärmende Stille im Kopf. Musiktherapie in der Psychiatrie“ vor. Die Veranstaltung fand am 04./05. März 2006 am Freien Musikzentrum in München statt.
Der erste Teil des Titels ist der Ausspruch einer betroffenen Frau, die damit ihr Erleben in der psychischen Erkrankung zum Ausdruck brachte. Der Titel steht auch für die Polaritäten von Lärm und Stille in der Musiktherapie und dem Raum, der dazwischen liegt.
Die vorliegenden Vorträge geben unterschiedliche Ausschnitte aus der musiktherapeutischen Praxis wieder und entwickeln Ansätze und Grundlagen eines theoretischen Verstehenshintergrundes.
Alois Fürmaier führt in das Thema ein und betrachtet aus der Sicht eines Psychiaters und Supervisors die Situation der Musiktherapie an einem psychiatrischen Großkrankenhaus.
Die Musiktherapie unter dem Aspekt der Sprache ist das Thema von Manfred Burghardt, der mit seinem Vortrag für einen sorgfältigen Umgang mit dem verbalen Anteil in der „non-verbalen“ Therapie sensibilisieren möchte.
Die Entwicklung einer fokalen Musiktherapie in Theorie und Praxis ist das Anliegen von Dorothee Storz, die damit eine wesentliche Unterstützung beim Verstehen des psychischen Geschehens und beim methodischen Vorgehen bietet.
Heiko Isermann wendet den Blick auf die Analogien zwischen musikalischen und therapeutischen Prozessen.
Zur Darstellung der Bedeutung der musikalischen Form in der Behandlung von psychotischen Patienten beschreibt Jos de Backer das musikalische Spiel und stellt eine Entwicklung vom sensoriellen Spiel zu einer musikalischen Form und die Relevanz für die klinische Praxis dar.
Eine systematische Übersicht über Musiktherapie-Studien bei schizophren Erkrankten gibt Christian Gold.
Walter Tröbinger spricht die Spannung zwischen Rehabilitierung und Chronifizierung in diesem Arbeitsfeld an und veranschaulicht dies an Beispielen aus der Praxis.
Damit vermittelt der vorliegende Band konzentriertes Erfahrungswissen aus Theorie und Praxis für den Bereich der Psychiatrie und bietet in diesem Sinne wertvolle Anregungen.

Ute Rentmeister

„Kreativität versus Technisierung und Menschenverwaltung" Musiktherapie in einem psychiatrischen Großkrankenhaus

Alois Fürmaier

1. Theoretische Gedanken

Einleitung

Im Folgenden soll der Versuch unternommen werden, über Musiktherapie als Nicht-Musiktherapeut zu sprechen, sozusagen von der Anwenderseite her. Das heißt, ich spreche aus der Sicht derjenigen, die die Arbeit beobachten und bei denen sie wirken soll. Diesen Spagat traue ich mir aus doppelter Hinsicht heraus zu: Die Psychiatrie ist mein Facharztgebiet und sozusagen meine erste medizinische Heimat. Dem Bezirkskrankenhaus München – Haar bin ich lange verbunden, da ich an diesem Krankenhaus meine Facharztausbildung begonnen habe.
Auch der Musiktherapie fühle ich mich in besonderer Weise nahe: Meine psychoanalytische Ausbildung und meine leidenschaftlichen musikalischen Aktivitäten haben mir zu dem Angebot verholfen, für das Team der Musiktherapie am Bezirkskrankenhaus Supervision durchzuführen. Diese begann 1990. Und ich freue mich, jetzt, auf eine 16-jährige gemeinsame Arbeit zurückzublicken.

Wirkung der Musik auf das Seelenleben

Als Musiker und Psychoanalytiker bin ich ein durch und durch auditiv orientierter Mensch. Somit kann ich wenig beisteuern über die Wirkung eines Picasso-Gemäldes. Aber ich habe mir oft Gedanken über den Einfluss von Musik auf das bewusste und unbewusste Seelenleben und deren heilende Wirkung gemacht. Wie kaum ein Medium sonst spricht Musikhören und Musikmachen tiefe Schichten unseres seelischen Erlebens an. Was sind die Mechanismen? Welche Besonderheiten der musikalischen Sprache sind dem Seelenleben analog?

Vorrang des Hörens

Hören gehört zu den ersten menschlichen Kommunikationsformen, die weit vor anderen Sinnesqualitäten angelegt sind und schon beim Fötus im Mutterleib wirksam werden. Kinder haben schon vor der Geburt Hörerlebnisse und werden dort auch durch Klang, Tonhöhe und Rhythmus erreicht und konditioniert. Auch ist unser Gehörorgan am differenziertesten von allen Sinnesorganen ausgebildet. Weit mehr Sinneszellen als in jedem anderen sind hier vorhanden, so dass im Hörorgan die differenzierteste Form der Sinneswahrnehmung ermöglicht wird.

Dynamischer Charakter der Musik

Musik ist nichts Statisches. Grundmuster unseres Lebens wie Ruhe und Spannung, wie Bewegung und Entwicklung charakterisieren auch die Struktur eines jeden Musikstücks. Auch im musikalischen Tempo haben wir einen Faktor, der unmittelbare psychische Wirkungen ausüben kann. So konnte verschiedentlich nachgewiesen werden, dass das Hören schneller Musik physiologische Erregung auslösen kann.

Jede Komposition enthält einen dramatischen Spannungsbogen, in jedem Ablauf von Musik steckt Entwicklung, mit einem Anfang und einer Begrenzung, mit Höhepunkt und Ruhepolen. Ähnliche Grundphänomene finden wir bei dem, was wir tiefenpsychologisch arbeitende Psychotherapeuten unter psychodynamischen Denken verstehen: Die Vorstellung vom Menschen als geschichtlichem Wesen, das sich in einem ständigen Prozess von Entwicklung befindet. Ihm ist somit auch eine Kunstform besonders nahe, die sich ebenfalls dynamisch darstellt mit Höhen und Tiefen, mit Vorbereitung, einem Höhepunkt und Ende.

Zugang der Tonarten und Harmonien zu den Affekten

Auch einzelne Töne, Klangformationen und Harmonien hinterlassen bei uns bestimmte emotionale Bilder, wobei diese seelischen Wirkungen auch von Hörtraditionen und thematischem Kontext beeinflusst werden. Kinder beginnen etwa ab drei Jahren, Dur und Moll als fröhlich oder traurig zu unterscheiden. Obwohl sich in der Musikkultur der letzten 200 Jahre das Empfinden von Konsonanz und Dissonanz erheblich gewandelt hat, assoziieren wir leicht bestimmte Tonarten mit jeweiligen Stimmungen und Affekten („strahlendes D-Dur", „melancholisches c-moll"). Daher haben auch bedeutende Musikwissenschaftler versucht, über die Sprache der Tonarten eine philosophische Zuordnung des sinnlichen Erlebens der Töne zu einer geistigen Weltordnung herzustellen.

Geborgenheit und Regression im Rhythmus

Der rhythmische Ablauf der Musik schafft Struktur, auf der sich Harmonien entwickeln können und er schafft durch die Struktur Grenzen. Die Wirkung des Rhythmus ist auf den Körper unmittelbar. Das Hören rhythmischer Impulse hat spontan körperliche Mitreaktionen zur Folge, was bei bestimmten Rhythmen der Rockmusik, seit der Zeit des Discosounds der achtziger Jahre, gezielt eingesetzt wurde. Rhythmus hat auch eine direkte körperliche Entsprechung in Bewegung und Tanz und dem damit verbundenen Gefühlserleben. Er ist der Teil der Musik mit der direktesten Wirkung auf den Körper. Rhythmische Phänomene führen wie kaum ein anderes Element zu Faszination, Trance und Ekstase, was in verschiedenen gesellschaftlichen und politischen Bereichen gezielt angewandt und missbraucht worden ist. Auch unser menschlicher Biorhythmus kann durch die von Musik und deren Rhythmik gesetzten Reize beeinflusst, verstärkt oder gestört werden.

Unendlichkeit der Musik und Endlichkeit des Musikerlebens

Ein Musikstück Mozarts verklingt in wenigen Minuten, aber es wirkt fort, zeitlos, über die Jahrhunderte. Musik ist unendlich, unabhängig von Zeit, Kulturen und Gesellschaften. Aber das Erleben wird immer neu gestaltet, durch Aufführung neu zum Leben erweckt und verklingt sofort wieder unwiederbringlich.
Das Einzigartige ist diese Spannung zwischen Einmaligkeit und Unendlichkeit. Hier ist ein letzter Bezug zum seelischen Unbewussten. Im Verständnis von Sigmund Freud sind die Vorgänge des Unbewussten auch letztlich unendlich, da zeitlich nicht geordnet. Sie würden durch zeitliche Abläufe nicht verändert, die Vernachlässigung des Zeitcharakters sei eines seiner wesentlichen Merkmale.

Heilende Wirkung der Musik

So, wie die tiefen Seelenschichten durch Musik angesprochen werden, kann man sie auch verändern und die Musik therapeutisch nutzbar machen. Dies wird durch viele neue Forschungsergebnisse, gerade auf dem Gebiet der Neurobiologie bestätigt. Rhythmus, Harmonien und Melodien stimulieren oder deaktivieren Neuronennetze im Gehirn bis ins hohe Alter, mit Auswirkungen auf alle körperlichen, motorischen, vegetativen und emotionalen Funktionen unseres Körpers.

Ansehen der Musik und Musiktherapie

Diese vorgetragenen Gedanken sind einem tiefenpsychologisch Geschulten nachvollziehbar, aber sie entsprechen in keiner Weise dem Verständnis eines musikalischen Laien. Für den Menschen außerhalb hat Musik hauptsächlich Unterhaltungsfunktion. Heutzutage ist Musik in vielen gesellschaftlichen Alltagssituationen als Begleitgeräusch vorhanden, sei es beim Einkauf im Kaufhaus oder beim Warten im U-Bahnhof. Musik zu spielen gilt den meisten als Kinderangelegenheit des Bildungsbürgertums. Viele Instrumente werden mit großer Mühe und oft gegen heftigen Widerstand in den Grundschuljahren unterrichtet. Spätestens in der Pubertät wird das Instrument beiseite gelegt, weil es uncool ist, Musik zu machen. Berufsmusiker werden somit entweder belächelt wegen ihrer brotlosen Kunst („Der Mann am Klavier") oder auf der anderen Seite sowohl in der Unterhaltungsbranche oder heute auch im klassischen Opernbereich als Popidol verehrt.
Und in der Medizinischen Welt?
Zwar hat man schon in der Antike Musik und Medizin zusammengebracht und die Wirkung heilender Klänge nutzbar gemacht, was gilt Musik und Musiktherapie aber heute in der modernen medizinischen Welt und speziell in der Psychiatrie? Sie rangiert in ihrem Stellenwert auf weit geringerem Niveau gegenüber der ärztlichen Kunst. Ich habe mich zu diesem Thema an psychiatrischen Krankenhäusern im süddeutschen Raum umgehört. Eine immer wieder kehrende Ansicht ist: „Ach, die Psychiatriepatienten sind doch ein schwer zu beackerndes Klientel." Musiktherapie sei allenfalls ein schmückendes Beiwerk, eine Luxustherapie, deren (ich

zitiere einen Chefarzt) „Stellen als erste gefährdet sind, falls wirklich welche abgebaut werden müssten“. Die Musiktherapie beschränke sich, so heißt es, doch in erster Linie auf die psychotherapeutischen und nicht so kranken Patienten. In der Psychiatrie käme sie allenfalls für einige kognitiv gehemmte Neurotiker in Frage oder für geriatrische Demenzpatienten, bei denen altes Liedgut reaktiviert werden könne, um sie etwas fröhlicher zu machen. Denn die musikalische Intelligenz halte sich doch am längsten. Aber dies wird auch aussterben, da die Alten der Zukunft mehr mit Elektronik als mit Liedern aufwachsen werden. Nun frage ich mich als Angehöriger dieses Fachgebiets:
Warum hat eigentlich Musiktherapie in der Psychiatrie schon vom Ansatz her so einen schlechten Stand?

Musiktherapie und Psychiatrie: Ein unüberbrückbarer Gegensatz?

These: Musiktherapie hat einen lockernden, ordnungsauflösenden und damit rebellischen Charakter.

Im Gegensatz hierzu hat die Psychiatrie den Charakter einer Ordnungsmacht. Sie versucht nicht nur, die Patienten zu einem sozial adaptierten Verhalten zu bringen. Das entspricht unserem psychosozialen Gesundheitsmodell. Die Patienten müssen sich tatsächlich unserem gesellschaftlichen Rahmen und Arbeitsbedingungen anpassen, um selbstständig leben zu können. Wir Psychiater wollen auch das innere Denken in seinem formalen Ablauf und seinen Denkinhalten wieder in Ordnung bringen, das zum Beispiel bei den an Schizophrenie Erkrankten so sehr durcheinander geraten ist. Da kann dieser lockernde Charakter des Musikerlebens hinderlich sein.

These: Musiktherapie kann emotional aufwühlend wirken.

Dagegen wieder das psychiatrische Selbstverständnis: Die Fülle von affektiven, schizoaffektiven und cyclothymen Krankheiten in der Psychiatrie gehen mit einer tiefen emotionalen Beunruhigung und Störung einher, die nicht aufgewühlt, sondern befriedet werden müssen. Die Psychiatrie ist bemüht, durch die Herstellung emotionaler Ordnung die Patienten von ihren beunruhigenden Ängsten zu befreien und zu innerer Ruhe zu bringen.

These: Musiktherapie ist nicht greifbar, sondern in ihrem Erleben einmalig, nicht reproduzierbar und wissenschaftlich schwer erfassbar. Strenge wissenschaftstheoretische Vorraussetzungen von Überprüfbarkeit und Falsifizierbarkeit können nicht angewendet werden.

Dagegen wiederum psychiatrisches Selbstverständnis: Wissenschaftliche Klarheit in der Psychiatrie ist eine ihrer modernsten Errungenschaften, um sie aus dem jahrelangen Vorwurf des Subjektiven und Nebulösem herauszuholen. Modern sind die biologisch-naturwissenschaftliche Psychiatrie und die neurobiologische Betrachtungsweise. Was bislang nur empirisch und syndromal diagnostiziert worden ist, beginnt man jetzt mit modernen neuroradiologischen Methoden zu verifizieren. Hier hat die Musiktherapie keinen Platz.

2. Praxis

Das Bezirkskrankenhaus München Haar und die Geschichte der Psychiatrie

1200 Betten und 90 teilstationäre Therapieplätze, 12000 Patienten im Jahr und mehr als 2200 Mitarbeiter: Das Bezirkskrankenhaus steht als größtes Fachkrankenhaus für Psychiatrie, Psychotherapie, Psychosomatik und Neurologie in Deutschland richtungweisend für die Psychiatrie und deren Geschichte in unserem Land. Vor 100 Jahren wurde es als Kreisirrenanstalt für die damals dahinvegetierenden Geisteskranken am Rande der Gesellschaft gegründet. Damals wurden die Patienten mehr verwahrt als behandelt, man musste hoffen, dass sich ihr Zustand von alleine ändern würde.
Noch 1934 berichteten Besucher, stiere Augen würden aus verzerrten Gesichtern starren, andere erglühten in fieberhaftem Glanz und grinsenden Fratzen, die mit Menschenantlitz fast keine Ähnlichkeit haben. Gellende Zurufe würden lähmend den Eintretenden überfallen.

Die wohl folgenreichste Zäsur und Neuentwicklung in der Behandlung psychisch Kranker war die Entdeckung der Psychopharmaka in den fünfziger Jahren des letzten Jahrhunderts. Mit den Medikamenten wie Haloperidol, Amitryptilin oder Promethazin entstand eine tatsächliche Behandlungsmöglichkeit für Wahnerkrankungen und Depressionen. Vierzig Jahre später, also zu Beginn der neunziger Jahre setzte sich diese revolutionäre Entwicklung in einem zweiten Schritt fort, als die neue Generation von Psychopharmaka eingeführt wurde, die so genannten Serotoninwiederaufnahmehemmer (SSRI) gegen Depressionen und die atypischen Neuroleptika, die endlich viele Patienten mit Schizophrenie von den gefürchteten und quälenden Nebenwirkungen befreiten und wesentlich bessere therapeutische Wirkung brachten.
Die infolge davon entstandenen neuen Therapiekonzepte etablierten sich dann allerdings erst so richtig Anfang der siebziger Jahre, als der Deutsche Bundestag die „Psychiatrieenquete“ berief, die große Reformstrebungen in der Großpsychiatrie auslöste. Man begann schrittweise über die Einrichtung kleinerer und regional konzentrierter Einheiten nachzudenken.
Heute ist das Bezirkskrankenhaus ein System von fünf großen Bereichen, die zusätzlich auf vier verschiedene Sektoren zur Versorgung der Stadt und des oberbayerischen Einzugsgebietes aufgeteilt sind: Die Allgemeinpsychiatrie mit verschiedenen Spezialstationen, in denen schwerpunktmäßig Depressionen und schizophrene Psychosen behandelt werden, die Gerontopsychiatrie mit vielen internistischen Begleitbehandlungen, dem Fachbereich Sucht mit Akut- und Therapiestationen, der neurologischen Klinik, mit 57 Betten der größten in Bayern

samt neurologisch-internistischer Intensivstation, sowie den 298 Planbetten der forensischen Abteilung für psychisch kranke Straftäter. Hinzu kommt ein sozialpsychiatrisches Zentrum mit Ambulanz, Tagesklinik, Wohngemeinschaften und Kriseninterventionszentrum.
Was können acht Musiktherapeuten, teilweise auf Teilzeitstellen, in einem so riesigen und vielschichtigen Betrieb erreichen?

Erwartungen der Psychiater in einem Großkrankenhaus an die Musiktherapie

Man darf sich nicht vorstellen, dass Musiktherapeuten in Haar einem Chef und einem Konzept biologischer Psychiatrie gegenüberstehen. In dieser Vielzahl von Bereichen und Abteilungen gibt es sehr technisch denkende Naturwissenschaftler. Es gibt den Psychiater alter Schule, der mehr verwahrt als therapiert. Es gibt den sozialen Idealisten in der Soziotherapie sowie den streng denkenden Analytiker oder Traumatherapeuten. Es gibt Internisten und Neurologen, die alle in ihrem eigenen Denkschema arbeiten und der Musiktherapie individuell und jeweils anders begegnen. Viele haben in erster Linie eine Beschäftigungserwartung und einen Versorgungsanspruch. Wenn die Musiktherapie dann noch zum „Zeitvertreib“ dient, ist es umso besser. Das kann man bei der Stellensituation in psychiatrischen Großkrankenhäusern gut nachvollziehen. Musiktherapie wird von der Klinikseite her kaum unterschiedlich zu anderen therapeutischen Diensten wahrgenommen (Kunsttherapie, Bewegungstherapie, Beschäftigungstherapie). Was in der Musiktherapiestunde wirklich passiert, da übernehmen die in der Psychiatrie Tätigen meist die Vorstellung des medizinischen Laien: Musiktherapie als Musikhören, als Singen, als Tanzen. Dies sind zwar alles therapeutische Elemente, wird aber dem Gesamtverständnis nicht gerecht.

Wie sehen die Musiktherapeuten sich selbst in der Psychiatrie?

Sind sie vorbereitend und begleitend zur psychiatrischen Kerntherapie? Oder verstehen sie sich als eigenständige Therapieform? Es gibt nicht die **eine** Musiktherapie, sondern entsprechend den Anforderungen höchst unterschiedliche Ausprägungen. Die Therapeuten arbeiten in verschiedenen Sektoren und Stationsteams.
Sie haben auf dem riesigen Gelände des Bezirkskrankenhauses weite Wege zu absolvieren, in denen die Patienten abgeholt und begleitet werden müssen. Und sie haben selbst individuelle Ausbildungen und Vorerfahrungen von Musiktherapie, die sie in die Arbeit mitbringen. All das wirkt sich auf die eigene Teambildung der Musiktherapeutengruppe aus und gibt ihr einen besonderen Charakter. Über die vielen Jahre des Umgangs mit diesen Bedingungen sind jedoch ein Zusammenhalt und eine Identität entstanden, die ich als Vielfalt in einer Einheit formulieren möchte und auch nur so in diesem schillernden und vielfältigen Arbeitsbereich Wirksamkeit garantiert.

Was können therapeutische Wirkfaktoren der Musiktherapie in der Psychiatrie sein?

Musiktherapie ist rhythmusgebend, sie wirkt beziehungsaufbauend, sie trägt zur sanften emotionalen Orientierung bei.
Bei *Depressionen* leistet sie einen Beitrag zur Auflösung der Starre, der Starre der Gefühle und Starre der Bewegung.
Bei *Schizophrenien* hilft sie, die Angst zu vermindern (Singen), die Kommunikation und das Interesse an der Umwelt und an Anderen zu verbessern, einen gemeinsamen Rhythmus entstehen zu lassen und einen geordneteren emotionalen Ausdruck zu ermöglichen. Hiermit können Patienten aus der psychotischen Isolation herausgeholt werden.
Bei *Demenzpatienten* kann mit den Mitteln der Musik noch ein Zugang zu den emotionalen Schichten der Patienten geschaffen werden, wenn die sprachlichen Fähigkeiten längst zerfallen sind. Bei leichteren Fällen kann sie Sozialisierung und kommunikative Fähigkeiten verbessern, um dadurch sozialer Isolation und dem „Sich Zurückziehen" der alten Menschen entgegenzuwirken.

Schlussfolgerungen

Kreative Möglichkeiten von Musiktherapie in allen Anwendungsmöglichkeiten sind in diesem Setting einer psychiatrischen Klinik besonders gefragt. Sie kann sich nicht die fruchtbare Arbeit gönnen, wie sie mit neurotischen Patienten und zur Selbsterfahrung im ambulanten Rahmen anwendbar wäre. Sondern sie ist konfrontiert zum Beispiel mit den katatonen Blockaden schizophrener Patienten, mit dem langsamen Hinwegdämmern von Demenzkranken oder den sozial desintegrierten und höchstem Anpassungsdruck ausgesetzten Patienten mit schweren Persönlichkeitsstörungen in der Forensik. Hier ist enorme Flexibilität der Mitarbeiter und Variabilität im technischen Vorgehen gefordert. Die lange Tradition und Erfahrung des hier arbeitenden Teams, das durch alle Wirren der Krankenhausreform bestanden hat und seine Stellen sogar ausweiten konnte, rechtfertigt deren Wirksamkeit und deren unersetzbare Stellung in der therapeutischen Landschaft eines psychiatrischen Großkrankenhauses.

„Musik ist verwandeltes Leid" Über sprachliche und nichtsprachliche Symbolisierungen in der Musiktherapie

Manfred Burghardt

Wenn ich hier als Musiktherapeut vor Musiktherapeuten und Musiktherapeutinnen über Sprache bzw. über gesprächstherapeutische Themen rede, dann geschieht dies aus der Überzeugung heraus, dass wir in unserem Beruf immer auch als Sprechende gefordert sind, ich jetzt gerade hier oder wir alle, wenn wir in Teamsitzungen und Verlaufsbesprechungen über unsere Therapie berichten, also wenn wir in erster Linie über Nonverbales reden müssen. Wir wechseln im Verlaufe der therapeutischen Sitzung ständig unseren Kommunikationsmodus, d. h. Phasen, in denen wir mit dem Patienten sprechen wechseln sich ab mit Phasen, in denen wir mit ihm musikalisch, also wortlos, in Kontakt sind. Diese non-verbalen Anteile der Musiktherapie nehmen meist Bezug zu etwas vorher Gesprochenem. Sie setzen eine Spielregel um oder illustrieren einen Bericht des Patienten oder machen ein biographisches Ereignis sinnlich wahrnehmbar. Andererseits klärt und deutet das Gespräch nach einer Improvisation deren Gehalt und macht im Finden von sprachlichen Begriffen diese begreifbar. So bedeutet Musiktherapie für mich eigentlich, eine ständige Übersetzungsarbeit zwischen verschiedenen Kommunikationsmodi zu leisten.
Wir lernten natürlich in unseren Ausbildungen, spontan musikalisch zu reagieren, uns an der Improvisation für den Patienten hilfreich zu beteiligen, wissen, wann und wie aktive oder rezeptive Methoden eingesetzt werden müssen. Sind wir aber auch sensibel für die Worte des Patienten? Was sie uns sagen und was sie meinen? Wozu sie uns verleiten wollen? Wozu sie uns einladen und wovor sie uns warnen?

Wie viele Möglichkeiten es gibt, an ein und demselben Satz eines Patienten weiterzuarbeiten, möchte ich durch folgendes Beispiel zeigen:
Nach dem Anhören eines Musikstücks, reagierte ein Patient spontan mit den Worten:
„Jede gute Musik ist traurig" – Wir sind uns klar, eine solche Äußerung kann der Therapeut nicht einfach so stehen lassen.
Hätten wir hier jetzt einen Workshop, der uns Zeit ließe, die Worte länger wirken zu lassen, und der uns Zeit ließe, in einem ausführlichen Brainstorming alle Ideen zusammen zu tragen, dann hätte ich keinen Zweifel daran, dass sich ein riesiger Fächer mit unzähligen verbalen und musikalischen Interventionsmöglichkeiten auftun würde, um auf diese Äußerung zu reagieren. Wir haben diese Zeit hier nicht, deswegen nur ein paar Beispiele, auf welche verschiedenen Geleise wir uns als Therapeuten durch den Patienten führen lassen können. In der aktuellen therapeu-

tischen Situation übrigens haben wir überhaupt keine Zeit, darüber nachzudenken wie wir reagieren und auf welchen Aspekt dessen, was der Patient gesagt hat, wir Bezug nehmen wollen. Also spielen wir ein wenig mit den Worten des Patienten: „Jede gute Musik ist traurig!"

1. Aspekt: Ein Wort in dem Satz macht mich stutzig: „Jede" – es verallgemeinert, stellt ein Gesetz auf, dem ich mich nicht unterwerfen will. Der Umkehrschluss sagt, dass nicht-traurige Musik zwangsläufig keine gute Musik ist. Der Patient fordert also meinen Widerspruch heraus. Lasse ich mich darauf ein, laufe ich Gefahr, mich in eine Diskussion zu verstricken oder durch emsiges Vorspielen von heiteren Stücken ihm das Gegenteil beweisen zu wollen. Ich muss als Therapeut meine verbalen Beiträge genau so diszipliniert einbringen wie meine musikalischen. Ähnlich wie im musiktherapeutischen Spiel haben auch im therapeutischen Gespräch die alltagssprachlichen Kategorien „wahr" und „falsch" einen ganz anderen Stellenwert.
2. Aspekt: Diese Verallgemeinerung „Jede gute Musik ist traurig" hat noch eine andere Qualität: Sie nimmt eigentlich keinen Bezug zu dem eben gehörten Musikstück oder genauer gesagt, sie nimmt keinen Bezug zu dem aktuellen Gruppenerlebnis, und es besteht die Gefahr, dass wir die Verbindlichkeit des Hier und Jetzt verlassen und über Allgemeines philosophieren. Anstatt mich durch die Grandiosität des Satzes blenden zu lassen, muss ich versuchen, den Patienten auf sein tatsächliches Empfinden, jetzt in diesem Augenblick hinzuführen.
3. Aspekt: Mir ist (in diesem konkreten Fall) bekannt, dass der Patient ein Flüchtling aus einem außereuropäischen Bürgerkriegsland ist. Ich bin begeistert, dass er so gut deutsch spricht und so eine tiefschürfend klingende Wahrheit formulieren kann. Darüber hinaus bin ich dankbar, dass überhaupt ein Gruppenmitglied etwas sagt, denn der Rest hängt dösend in den Stühlen und signalisiert Desinteresse an meiner Musiktherapiestunde. Ich laufe Gefahr mit dem Patienten allein weiter zu arbeiten, die anderen Patienten zu vergessen. Es fände dann eine Einzeltherapiestunde innerhalb der Gruppe statt.
4. Aspekt: Es könnte sein, dass der Patient das Wort „traurig" für eine Vielzahl von möglichen Gefühlszuständen verwendet, das Wort also als Oberbegriff gebraucht. (Das Wort „traurig" steht vielleicht für Musik, die ihn berührt; die ihn zum Nachdenken bringt; Musik, in der Vergangenes auflebt, in der ein bestimmtes Lebensgefühl anklingt usw.) Hier wäre das Ziel, den Patienten zu einer Differenzierung anzuregen – natürlich eine klassische Indikation für die Musiktherapie, die durch Verwendung unterschiedlichster Instrumente, inhaltlicher und formaler Gestaltungsmittel so viele Facetten des Traurigseins zeigen könnte, dass der Patient zu einer differenzierteren Wahrnehmung seiner Gefühle und einer reichhaltigeren sprachlichen Mitteilung eben dieser gelangt.

Soweit dieses Beispiel. Es zeigt uns, dass jede Äußerung vielschichtiger Natur ist und wir uns in unserem Antwortverhalten sehr subjektiv entscheiden, oft durch

Worte geblendet werden und oft einen Holzweg einschlagen, der im untherapeutischen Dickicht enden kann.

Wenn wir als Musiktherapeuten geschult sind, sensibel auf Stimmungen zu reagieren, auch leise Anklänge wahrzunehmen, auf versteckte Botschaften zu lauschen, dann fällt es uns auch leichter, im gesprochenen Wort zwischen den Zeilen zu lesen, oder besser gesagt: zu hören. Dies schien mir vergangenen Mittwoch zu Hilfe zu kommen, als ein Patient am Ende der Gruppentherapie, als wir schon beim Zurückgehen auf die Station waren, die vordergründig harmlose Frage stellte: „Wird dieses Instrument auch von regulären Orchestern gespielt?“ Er deutete dabei auf ein Monochord.

Ich fragte zuerst nach, ob der Patient mit „regulär“ meint, ob die Instrumente auch in „traditionellen“ Orchestern gespielt werden, was er bejahte und die weitergehende Frage hinterherschickte, ob sie, die Instrumente, etwa nur für die Klapsmühle da wären. Es ist unschwer zu erkennen, dass der Satz des Patienten zwei Botschaften enthält, von denen die erste und augenfälligere natürlich die unwichtigere ist. Diese erste, unwichtigere, Botschaft ist eigentlich eine Frage und konnte leicht beantwortet werden: In traditionellen Orchestern wird dieses Instrument, das Monochord, nicht verwendet, aber es gibt durchaus innovative Instrumentalensembles, die auch mit diesem Instrument experimentieren. Soweit die Antwort auf die vordergründige Frage des Patienten, mit der er auch zufrieden war.
Schwieriger wird es nun mit der zweiten Botschaft, die in dem Satz des Patienten versteckt ist. Diese führt uns zu einem interessanten Phänomen unserer sprachlichen Kommunikation und zu dem Anknüpfungspunkt, wo Musiktherapie indiziert ist. Wenn wir nochmals zu unserem ersten Satz zurückkehren und diesen nun als Behauptung formulieren: „Dieses Instrument wird in regulären Orchestern gespielt“, so sehen wir, dass es sich hier um eine Aussage handelt, die richtig oder falsch sein kann, den Patienten selbst, mich und auch unsere Beziehung vorerst nicht betrifft. Doch schon schleicht sich da quasi durch die Hintertür etwas Unheilvolles herein, das in dem Wort „irregulär“ seine Visitenkarte abgibt und in dem Nachsatz, ob die Instrumente hier nur für die Klapsmühle da wären, sein wahres Gesicht zeigt. Versuchen wir eine Deutung dessen, was uns der Patient sagen will:
Kurz zuvor im Verlauf der Therapiestunde berichtet er, dass er sich eigentlich schon für zu gesund hält, um noch hier zu sein. Später erzählt er dann, dass er trotz eigener Wohnung eigentlich immer noch bei seinen Eltern wohnt, sie verbringen gemeinsame Fernsehabende, es ist dort wie in einem Nest. Der Patient ist knapp 50 Jahre alt, hat einen sehr guten Arbeitsplatz und steht an der Grenze zum sogenannten Besserverdiener. Er hat keine Freunde, keine Beziehung zu einer Frau.
Aber er ist jetzt hier in der Klapsmühle:
Die Klapsmühle (= ein irregulärer Ort, ein Unort) stellt irreguläre (= verrückte) Instrumente zur Verfügung, womit wir irreguläre (= verrückte) Musik spielen. Dies ist nun alles andere als eine blanke Information. Hier steht plötzlich das Leben

und die Zukunft des Patienten zur Diskussion, denn wie kommt er, als Patient, je wieder hier heraus, in reguläre Verhältnisse. Und es steht unsere therapeutische Beziehung zur Diskussion, denn wie kann der Musiktherapeut mit seiner irregulären Musik und seiner Zugehörigkeit zu dieser Klapsmühle hier heraushelfen. Und außerdem: Wo hinaus soll der Therapeut denn helfen? In das symbiotische Eltern-Nest? In die Autonomie der eigenen Wohnung, die aber keine Nestwärme vermittelt? Wenn ich vorhin Diskussion sagte, so ist natürlich klar, dass diesem Problem diskursiv nicht beizukommen ist.

Das Problem wird sich, glaube ich, auflösen, wenn der Patient diese seine Definition der Situation ändert und größere Zusammenhänge erkennt, das heißt zu einer anderen Wahrnehmung gelangen kann. Dies scheint mir auf musiktherapeutischem Wege gut möglich: In einer Improvisation kann der Patient die unterschiedliche Qualität von „regulär" und „irregulär" für sich klären. Wie hört und fühlt sich das Eine an und das Andere? Ist es tatsächlich so klar, dass das Eine etwas nur positives, das Andere etwas nur negatives beinhaltet? Als Musiktherapeut muss ich hier ein feines Ohr für die Stichworte haben, die er mir angeboten hat und diese in Beziehung setzen, vor allem: Klapsmühle und Nest. Weitere Gesichtspunkte unter denen so eine Improvisation und auch noch weitere betrachtet werden können, werden sich wahrscheinlich ergeben.

Grundsätzlich lässt sich zu diesem Beispiel noch sagen:

Dieses Phänomen ist natürlich alles andere als ein Indiz für die besondere Schwere der Erkrankung dieses Patienten, sondern vielmehr ein Indiz für die besondere Eigenschaft unserer Sprache, nämlich dass in jedem Sprechen neben den vermittelten Inhalten auch immer die Information versteckt ist, wie diese Inhalte zu verstehen sind. In jeder menschlichen Kommunikation ist also in irgendeiner Form die Beziehung der Partner thematisiert. Und: Beziehungsprobleme können nicht auf der Inhaltsebene gelöst werden, was in jeder sinnlosen Diskussion und in jedem unerquicklichen Streitgespräch zu beobachten ist.

Hier ist der Punkt wo ein musiktherapeutisches Vorgehen zum Mittel der Wahl wird: Im musikalischen Prozess kann ich nicht argumentieren, taktieren oder leugnen; typische Floskeln des unfruchtbaren Gesprächs, als Beispiel erwähne ich nur die Wendung „Ja, aber...!" haben in der Musik kein Äquivalent.

Ich will dieses Beispiel hier abschließen und noch mal mit anderen Worten zu beschreiben versuchen, warum ich dieses Pendeln zwischen Spielen und Sprechen, Sprechen und Spielen in der Therapie für so zusammengehörig erachte:

Ich finde mich Patienten und Patientinnen gegenüber, denen die Worte fehlen, das zu beschreiben, was sie hierher ins psychiatrische Krankenhaus gebracht hat.

Anderen sehe ich mich gegenüber, die eine Flut von Worten über mich ausgießen, denen aber offensichtlich etwas fehlt, denn ich kann den Worten kein Gefühl zuordnen oder nur ein Gefühl, was in Widerspruch zum Wortinhalt steht. Wieder andere benutzen ihre Worte anscheinend, um ein echtes Gespräch zu vermeiden, abzulenken, über Belangloses zu streiten.

Mancher benutzt Worte, die ich nicht verstehe, Sprachbilder, die ich nicht deuten kann. Dann gibt es wieder welche, die mit wenigen Worten alles was zu sagen ist auf den Punkt bringen. Ich bin fasziniert was Worte vermögen – im Guten wie im Schlechten.

Als Musiktherapeut hat es mich schon immer interessiert, mehr darüber zu erfahren, wie Sprache funktioniert, wann die Sprache als Mitteilungsinstrument ungenügend wird, vielleicht sogar hinderlich oder gar schädlich. Es hat mich interessiert, hinter die Worte zu blicken, denn oft verschleiern sie mehr als sie offenbaren. Ich bin mir sicher, je mehr ich über die Möglichkeiten, die Kraft und die Grenzen der Worte weiß, desto deutlicher zeigen sich mir auch die Schnittstellen, wo der Einsatz musiktherapeutischer Mittel möglich oder unumgänglich ist.
Im Talmud gibt es ein schönes Sprichwort, das unser Thema hier auf den Punkt bringt:
„Das Wort ist wie die Biene, es hat Honig und Stachel."
Ich glaube, dass Sprachhygiene und Sensibilität für Wort und Schrift das musikalische und psychotherapeutische Handwerkszeug des Musiktherapeuten nur fördern und bin in Hinblick auf unsere Muttersprache, um ein Zitat von Goethe leicht abzuwandeln, fast geneigt zu sagen: „Was von den Müttern du ererbt – erwirb es, um es zu besitzen!"

Doch nun zu einem dritten Beispiel aus meiner musiktherapeutischen Arbeit:
Vor drei Tagen spricht mir eine Patientin die Worte auf den Anrufbeantworter: „Jetzt haben schon die Katzen Flügel" und legt, während dem Satz ein schwer zu deutendes Lachen nachklingt, wieder auf. Noch vor wenigen Tagen wäre dies ein völlig absurder Satz gewesen, völlig unverständlich, verrückt eben, vielleicht ein Grund, die Medikation zu erhöhen? Wir verstehen zwar spontan auch nicht völlig, was uns die Patientin damit sagen will, aber durch diese Worte ist ein – ich möchte sagen – „Gebiet" abgesteckt, in dem wir uns therapeutisch bewegen können. Ich will versuchen, anhand dieses Beispiels Möglichkeiten zu entwickeln, wie eine gesprächs- und musiktherapeutische Intervention aussehen könnte:
Ausgangspunkt ist: Zu der 50-jährigen Patientin besteht eine gute und stabile therapeutische Beziehung, sie nimmt seit längerer Zeit an der Gruppentherapie teil und nimmt auch das Angebot zur Einzeltherapie regelmäßig war. Sie ist sehr naturverbunden, interessiert sich für Pflanzen und Tiere, geht auch in die Reittherapie, würde sich gerne selbst ein Pferd halten. Außerdem ist sie sehr an Literatur und am politischen Tagesgeschehen interessiert.
Unverdrossen prangert sie die Lethargie und Beziehungslosigkeit ihrer Mitpatienten auf dieser psychiatrischen Aufnahmestation an, die hier von mir betreut wird.
Zur Krankengeschichte nur ein paar Andeutungen: Adoptivkind, mit vielfachen Traumatisierungen in der Kindheit und dem frühen Erwachsenenalter; Stiefbruder, als wichtigste Bezugsperson suizidiert sich, der Ehemann stirbt an den Folgen von

Alkohol- und Drogenmissbrauch. Die Patientin hat eine jahrzehntelange Psychiatriekarriere hinter sich, und eine Betreuung für sie ist eingerichtet.
Wir wissen, die Patientin spielt in ihrem Anruf auf die Vogelpest an, deren Erreger inzwischen auch bei einer Katze nachgewiesen wurde. Sie scheint zu ahnen, dass sich hier etwas in Windeseile, beflügelt, weiterverbreitet. Sie ist beunruhigt, trotz aller Beteuerungen, dass kein Grund zur Panik bestünde. Wenn ich selbst die Patientin am Montag, also übermorgen, wieder sehe, muss ich natürlich auf ihren Anruf eingehen, denn er erscheint mir ein Appell zu sein.
Als Musiktherapeut werde ich wohl kaum mit einem unvermittelten Spielvorschlag auf die Patientin zukommen können, etwa: „Spielen Sie zum Thema ‚Katzen'" oder „Improvisieren Sie zum Thema ‚Flügel'". Das wäre zu banal. Die therapeutische Bearbeitung wird wohl auf einer Gesprächsebene beginnen. Ich sage „einer", weil der Einstieg in ein Gespräch, sei es ein therapeutisches oder auch nicht, auf ganz verschiedenen Ebenen beginnen kann, die ich hier stark vereinfacht auf drei reduziere:
1. auf der *Inhaltsebene*: Der Therapeut wird sich hierbei in erster Linie des Fragens bzw. des Nachfragens bedienen. Die Äußerung der Patientin: „Jetzt haben schon die Katzen Flügel", ist ja, ich sage mal: sehr lakonisch hingeworfen, und ich habe als Therapeut irgendwie das Bedürfnis noch mehr darüber zu erfahren, was ist der Hintergrund, vor dem die Patientin dies sagt. Der Therapeut verschafft sich in diesem Gespräch eine breitere Basis, von der aus tiefgehendere Interventionen erfolgen können. Auf dieser Inhaltsebene wird also eher das Wissen des Therapeuten über den Patienten vermehrt. Positiv betrachtet macht der Patient die Erfahrung, dass sich jemand für ihn und sein Anliegen interessiert. Im negativsten Fall kann sich der Patient aber bloß ausgefragt fühlen, weil der Therapeut nur Daten sammelt, aber die damit beim Patienten verbundenen Gefühle ausgeklammert werden.
Auf der Inhaltsebene in ein Gespräch mit Patienten einzusteigen ist die häufigste Form der Gesprächseröffnung. Besonders am Anfang eines therapeutischen Prozesses, etwa bei der Anamneseerhebung, wird so gearbeitet werden, aber auch zu Beginn jeder einzelnen Therapiesitzung kann eine Bemerkung über einen konsensfähigen Inhalt die eigentliche Therapie eröffnen.
(Man unterschätze daher nicht gelegentliche Bemerkungen z. B. über das Wetter.)
Dass auf dieser Ebene speziell musiktherapeutische Interventionen nicht möglich sind liegt auf der Hand.

Das verweist uns nun 2. auf die *Gefühlsebene*: Ich glaube nicht, und hoffe, Sie stimmen mir hier zu, dass es möglich ist, ein ganz singuläres, klar definiertes und objektiv beschreibbares Gefühl „zu haben". Gefühle sind sehr komplex, im Hintergrund von anderen Gefühlen und Stimmungen begleitet; sie walten in uns und lassen sich kaum dingfest machen. Sie treten manchmal so auf, dass sich der Patient überschwemmt fühlt. Sie kennen die etwas hilflose Standartfrage

von Therapeuten, wenn sie nicht mehr weiter wissen, nämlich: „Was haben sie gefühlt?“ Genau so hilflos sind meistens die Antworten der Patienten: „'s geht scho!“, „Passt scho!“ oder „... so mittel“. Hier Klarheit zu schaffen ist eine Aufgabe psychotherapeutischer Prozesse. Was ich zum Ausdruck bringe, sei es mit verbalen oder nonverbalen Mitteln ist nicht mehr nur in mir, sondern eben auch außerhalb meiner, ist als Wort, Ton oder Bild sinnlich wahrnehmbar und ich kann damit umgehen. Allerdings kommt dadurch auch etwas in die Öffentlichkeit der Gruppe, was der Patient evtl. nicht zeigen will.
In der Klientenzentrierten Gesprächspsychotherapie nach Carl Rogers, in deren Gedankenwelt ich mich, wie einige unter Ihnen wissen beheimatet fühle, spricht man von der sogenannten „Verbalisierung emotionaler Erlebnisinhalte“. Indem der Therapeut das, was er bereits verstanden hat oder verstanden glaubt, in eigenen Worten dem Patienten wieder anbietet, wird dieser zu einer weiteren Selbstexploration angeregt und schließlich zu einem tieferen Verständnis seines Erlebens und Verhaltens geführt. Diese Vorgehensweise wird manchmal als „Spiegeln“ bezeichnet, was aber eine sehr verkürzte und simplifizierte Beschreibung ist.
Sie ahnen, dass hier die Indikation zur Musiktherapie beginnt. Was noch nicht befriedigend in Worten fassbar ist, weil es sich wegen seiner unbestimmten Form und reichhaltigen Gestalt dem Zugriff durch engdefinierte Begriffe entzieht, kann seinen Ausdruck in musikalischen Formen finden.
Man könnte es als die „Musikalisierung emotionaler Erlebnisinhalte“ bezeichnen.
Ich denke, ich werde am Montag in ein Gespräch mit der Patientin einsteigen und abwarten bis sie neben Worten, die etwas Gegenständliches bedeuten (hier also „Katze“, „Flügel“), Worte verwendet, die auf eine Qualität abzielen, vielleicht „unverständlich“, „Angst“, „Wut“ oder ähnliche und sie dann einladen, in einer Improvisation sich ihren Gefühlen zu nähern. In folgenden Gesprächsphasen werden wir versuchen, heraus zu arbeiten, wo sich Gefühl und Musik entsprechen oder wie der musikalische Ausdruck noch authentischer gestaltet werden könnte. Der Satz der Patientin ist ja von enormer Dichte, aber irgendwie starr, hier muss Bewegung geschaffen werden.

Eine Intensivierung des therapeutischen Prozesses wäre die Einbeziehung einer 3. Ebene, nämlich die *Beziehungsebene*. Auf dieser ist der Therapeut nicht mehr nur der begleitende Helfer, man könnte sagen der Coach des Patienten. Nein, es wird vielmehr die Beziehung Therapeut – Patient selber thematisiert. Hier in unserem Beispiel, wäre das von mir erwähnte „schwer zu deutende Lachen“ eine gute Gelegenheit dazu. Es hatte für mich etwas Unheimliches, ich konnte damit nichts anfangen, konnte auch am Anrufbeantworter nicht reagieren, nachfragen. Ich war überrumpelt. Das Einbringen dieser meiner persönlichen Gefühle kann für die Patientin unter Umständen sehr konfrontativ sein, setzt eine sehr tragfähige therapeutische Beziehung voraus und muss mit viel Verantwortungsbewusstsein einge-

setzt werden. Ob es angebracht sein wird, das Augenmerk auch hierauf zu lenken, wird sich in der Therapiesituation ganz kurzfristig entscheiden.
Andererseits ist es ja so, dass wir in der Musiktherapie durch unser eigenes Mitspielen in der Einzel- wie in der Gruppentherapie ständig viel Eigenes in den Therapieprozess einbringen und den Patienten dadurch beeinflussen, wahrscheinlich mehr als es andere Therapeuten in ihrem Metier tun.
Nun, um Ihnen zu demonstrieren wie ein Zusammenspiel von gesprächs- und musiktherapeutischen Interventionen aussehen könnte, habe ich dieses für mich ganz aktuelle Beispiel einer (noch) nicht stattgefundenen Musiktherapiesitzung gewählt und darüber (mit Worten) improvisiert.

Ich möchte nochmals auf Carl Rogers zurückkommen, der in seiner Persönlichkeitstheorie etwas für uns Musiktherapeuten ganz Interessantes gesagt hat, was sicher nur ein kleiner Teilaspekt in der Betrachtung psychiatrischer Erkrankungen im Allgemeinen und der Musiktherapie in der Psychiatrie im Besonderen darstellt, aber immerhin ein interessanter Aspekt hinsichtlich unseres Themas (hier) ist. Ich formuliere dies sinngemäß mit eigenen Worten:
Alle meine Erfahrungen, das sind alle Wahrnehmungen der Außenwelt und dessen, was in meinem Organismus vor sich geht, konstituieren meine subjektive Welt, mein Wahrnehmungsfeld. Je weniger diese Wahrnehmungen in Konflikt mit dem Selbstkonzept des Individuums stehen, also nicht abgewehrt werden müssen, desto größer die Möglichkeit des Individuums sich zu entwickeln. Welche Wahrnehmungen müssen nicht abgewehrt werden? Es sind nach Rogers diejenigen, die genau symbolisiert und integriert sind. Hier liegt eine große Chance der Musiktherapie. In der Improvisation symbolisiert sich Unbekanntes und Ängstigendes, in der Improvisation können sichere Orte geschaffen werden und es öffnen sich in ihnen versteckte Ressourcen. Was in der musiktherapeutischen Improvisation nonverbal symbolisiert ist, liefert oft erst das Material für eine weitere gesprächstherapeutische Fortführung des Therapieprozesses und diese wieder weitere musiktherapeutische Spielvorschläge.
Ich biete dem Patienten also Hilfe bei der Symbolisierung seiner Wahrnehmungen an. Er soll, was er wahrnimmt – in der Außenwelt und in seiner Gefühlswelt möglichst deutlich wahrnehmen. Das Undeutliche verbal und musikalisch zu präzisieren ist Aufgabe des Therapieprozesses. Der Therapeut soll dafür optimale Bedingungen schaffen. Die Integration dieser Arbeitsergebnisse in sein alltägliches Leben obliegt dann eher dem Patienten selber.

Bevor ich zum Ende komme, noch ein kurzer Blick auf unser Thema von einer ganz anderen Seite her:
„Worte sind Taten“ schreibt der Philosoph Ludwig Wittgenstein. Wir handeln also auch mit unseren Worten. Ein Wort aus dem Munde des Therapeuten kann wie eine Schaufel Sand sein, die er auf den vereisten Weg des Patienten streut. Es gibt ihm Sicherheit, aber nimmt ihm nicht die Pflicht und die Möglichkeit, selber voranzukommen.

Dem Patienten in der Psychiatrie, der in seiner Wahrnehmung oft etwas zwischen Himmel und Erde hängt, kann das falsche Wort zur falschen Zeit und im ungünstigen Kontext zur Bananenschale auf seinem Weg werden. Meistens landen dann beide, Therapeut und Patient, auf der Nase.

„Musik ist verwandeltes Leid" steht im Faltblatt zu dieser Tagung bzw. zu meinem Vortrag hier. Es ist dies natürlich auch ein Zitat eines Patienten. Es fiel in derselben Therapiestunde wie das Eingangszitat, jede gute Musik sei traurig, stammt aber von einem anderen Patienten.
Es fasst in gewisser Weise zusammen, was ich Ihnen heute näher bringen wollte: Psychisches – ich spreche ganz allgemein – wandelt sich in der Musiktherapie in etwas tatsächlich sinnlich Wahrnehmbares, wandelt sich im therapeutischen Gespräch in etwas Begriffliches, wird begreifbar und wird in den erneuten Wandlungen von Wort in Musik und Musik in Wort schließlich integrierbarer Bestandteil beim Patienten.

„In mir fällt alles auseinander“
Fokale Musiktherapie als Unterstützung zur Integration der Psychose

Dorothee Storz

„Psychose und Tiefenpsychologie befinden sich beide in der Sphäre des Unbewussten. Das eine ist eine Krankheit, das andere eine Erkenntnis und eine psychotherapeutische Zugangsform“. Diese Charakterisierung führt Rainer Strobl (1996, 33) in seinen Leitlinien zur Psychotherapie schizophrener Psychosen an, sich berufend auf Paul Federn und dessen Buch ‚Ich-Psychologie und die Psychosen‘. Verknüpft wird diese Einschätzung mit der Überlegung, inwieweit eine Therapiemethode, die den assoziativen Hintergrund des Bewusstseins in den Vordergrund bringt, für die Behandlung einer Erkrankung angebracht ist, die dadurch gekennzeichnet sei, dass das Bewusstsein vom Unterbewusstsein verdrängt werde.
Auch der musikalische Ausdruck hat eine hohe Affinität zum Unbewussten und gerade dieser Umstand macht ihn für therapeutisches Arbeiten wertvoll und interessant. Aber gleichzeitig stellt diese Affinität in der Arbeit mit psychotischen Patienten auch die Anforderung an uns, darauf zu achten, dass wir mit unseren musikalischen Interaktionen die betroffenen Patienten nicht zusätzlich in die Verirrung oder Verwirrung hinein musizieren lassen.
Bei der schizophrenen Psychose geraten die einzelnen Repräsentations- und Bewusstseinsebenen – im Sinne einer Entdifferenzierung – durcheinander. „Vorstellung und Abstraktion werden in konkreter Form erlebt, Unbewusstes wird als Bewusstes und daher in paranoider Interpretation auch als Absicht registriert“ (Strobl 1996, 34). Der assoziative Hintergrund wird relevanter als die Wahrnehmung selbst. Nun gilt aber gerade das Bewusstmachen von in den Hintergrund des Unbewussten verdrängten Inhalten als wesentlicher Anspruch tiefenpsychologischen – und demnach auch tiefenpsychologisch orientierten musiktherapeutischen – Arbeitens. Gerade dieser Vorgang geschieht aber – zwar eigenständig und in ungeordneter Weise – in der Psychose (Strobl 1996, 34). Unbewusste Inhalte geraten in den Vordergrund, Unwesentliches lässt sich nicht mehr von Wesentlichem unterscheiden oder auch verdrängen.
Das lässt gewissermaßen den Schluss zu, dass psychodynamisches Arbeiten mit Menschen mit Psychosen dahingehend wirken sollte, dass ein Patient zunächst in der Fähigkeit des Verdrängens unterstützt werden sollte. Federn beschreibt das folgendermaßen:

„Bei der Neurose bemüht sich der Psychoanalytiker, unbewusstes, verdrängtes Material bewusst zu machen. Bei der Psychose hat er sich mit *zu vielem* bereits zu Bewusstsein gebrachtem Material zu befassen. So ist hier das therapeutische Ziel nicht die Aufhebung der Verdrängung, sondern Wiederverdrängung. Antithetisch zu Freuds bekanntem Leitsatz: ‚Wo Es ist, soll Ich werden‘ müssen wir in bezug auf die Psychose sagen: ‚Was Ichbereich geworden ist, soll dem Es zurückgegeben werden'“ (1956, 153).

Praktisch umgesetzt heißt das, einem Menschen mit einer schizophrenen Psychose zunächst dabei zu helfen, Wesentliches von Unwesentlichem unterscheiden zu lernen.

Stavros Mentzos geht bei der Erklärung psychotischen Geschehens von einem Konflikt aus, in den sich der Schizophrene immer tiefer verstrickt. Er versteht produktive Symptome als einen Weg, der es ermöglicht, einen Konflikt darzustellen, zu externalisieren, weil er intrapsychisch unerträglich geworden ist. Er beschreibt die Symptome als Reaktionen auf Abwehr, die eine Kompensierung von Spannungen, Ängsten, Scham- und Schuldgefühlen, Minderwertigkeitsgefühlen und Identitätsdiffusion darstellen und die vor allem als Ersatz dienen für nicht anders erlebbare oder darstellbare Qualitäten. In diesem Verständnis sind produktive Symptome nicht nur als Störung oder Dysfunktionalität aufzufassen, sondern im Gegenteil als Neuanpassungsversuch, in Form einer Kompensation (Mentzos 1992, 22).
Günter Lempa erklärt die Entstehung eines solchen Konfliktes damit, dass für das Ich unerträgliche Wünsche, die die Umwelt betreffen – also externe Ziele haben – den Bezug zur Realität verändern, um eine Befriedigungsmöglichkeit zu erlangen. Der Zerfall des Ich, die Regression zur paranoid-schizoiden Position schafft dabei die Bedingungen, unter denen ein Wunsch sich äußern und wenigstens eine kompromisshafte Erfüllung finden kann (1992, 29).
Wahninhalte, halluzinatorisch erlebte Bilder und Szenen übernehmen dabei die Funktion, „die diffuse, extreme Desintegrationsangst zu konkretisieren, zu binden (und damit fassbar zu machen, Anm. d. A.) und insbesondere zu externalisieren, das heißt, möglich zu machen, sie als von außen kommend zu erleben“ (Mentzos 1992, 22).
Einhergehend mit der Veränderung des Bezugs zur Realität hebt sich die Differenzierung von Wirklichkeit und ihrer symbolhaft – metaphorischen Darstellungsform auf, die „Als-ob“ – Qualität des Vergleiches löst sich auf, d. h. die Darstellung der Wirklichkeit wird als Tatsache erlebt.
Der Weg zur Integration psychotischer Inhalte muss demnach heißen, dem Ich-Zerfall entgegenzuarbeiten, einer Entdifferenzierung entgegenzuwirken und den Patienten dahingehend zu unterstützen, dass er – einem „Prinzip der Allmählichkeit“ – folgend, also schrittweise und in seinem Tempo – zu einer Differenzierung seiner Erlebnisweise finden kann.
Damit ist es auch wichtig, einen Menschen mit einer Psychose in der Ordnung seiner Gedanken- und Gefühlswelt zu unterstützen, z. B. indem man ihm eine Orientierungshilfe in der Differenzierung vorder- und hintergründiger Bedeutungen gibt und ihn in der Aufrechterhaltung der Sinnkontinuität unterstützt (Strobl 1996, 35). Das heißt, es ist Teil unserer Aufgabe, immer wieder Verbindungen und Ver-

knüpfungen zwischen fragmentierten Details herzustellen, ein Vorgang, zu dem Patienten mit solchen Erkrankungen häufig nicht in der Lage sind. Bedenken müssen wir, dass schizophrene Erkrankungen mit einer verminderten Belastbarkeit gegenüber äußeren wie auch inneren Stresssituationen einhergehen. In Anbetracht dessen, dass auch Therapiesituationen häufig mit Aufregung oder Stress verbunden sind, kann die innere Ordnung bzw. Differenzierung gerade zu Beginn einer therapeutischen Arbeit vermehrt in Aufruhr geraten.
Musiktherapeutisches Arbeiten mit einem dynamischen Fokus bietet eine Unterstützung und ein brauchbares Instrument, um die innere Ordnung auf einen sinnvollen Weg zu bringen.

Im Folgenden sollen die musiktherapeutisch – psychiatrischen Rahmenbedingungen skizziert werden, die den Hintergrund für die Entwicklung des fokalen Musiktherapie-Konzeptes darstellen und das Milieu für die Fallvignette verdeutlichen. Anschließend werden wesentliche Aspekte der Fokalen Musiktherapie aufgezeigt und schließlich mit der erwähnten Fallvignette in Verbindung gebracht.

Der hier beschriebene Arbeitsbereich ist die klinische Station der Abteilung für spezielle Rehabilitation des Psychiatrischen Krankenhauses der Stadt Wien. (Die aktuelle Bezeichnung des Krankenhauses ist „Sozialmedizinisches Zentrum Baumgartner Höhe Otto Wagner Spital mit Pflegezentrum".)
Die Abteilung ist eine Sondereinrichtung des Krankenhauses, d. h. sie ist nicht dem Vollversorgungsauftrag verpflichtet, sondern dem Anspruch eines überregionalen Therapieangebots mit dem Bemühen um Rehabilitation und Resozialisation. Die Abteilung wurde in den 60er Jahren von einem Psychiater und Psychoanalytiker gegründet und daraufhin geleitet (Otto Hartmann) und zwar in einer Zeit, in der psychotherapeutisches Arbeiten in der Psychiatrie noch nicht zum Verständnis einer psychiatrischen Behandlung gehört hatte.
Mittlerweile haben sich die psychiatrischen Krankenhäuser verändert und verwandelt, sie wurden reformiert, und mit den Reformen konnten Therapiekonzepte entwickelt und differenziert werden, die zuvor chancenlos waren.
Mit diesen Reformen haben sich wesentliche Rahmenbedingungen verändert, *ein* entscheidender Faktor dabei war die Begrenzung der Aufenthaltsdauer. Als Gegenreaktion auf die jahrelangen Psychiatrieaufenthalte sollte nun – und das ist bis heute so – die Behandlungsdauer so kurz wie möglich sein.
Aber nicht nur äußere Bedingungen haben sich verändert, sondern auch innere, bzw. therapeutisch inhaltliche. Die Abteilung wird heute von einem Psychiater geleitet, der der Neuro-Linguistischen Psychotherapie und der Systemischen Familientherapie verpflichtet ist (Helmut Jelem) und das bestehende therapeutische Konzept durch entsprechend systemische Prinzipien erweitert und im Laufe der letzten Jahre auf den Grundlagen systemischen Denkens und Handelns ein solches Gesamtkonzept mit ergänzenden Elementen des DBT (Dialektisch Behaviorale Therapie nach Marsha M. Linehan) entwickelt hat.

Die Klinische Station der Abteilung versteht sich nun als „psychotherapeutische und soziotherapeutische Einrichtung mit einer Kapazität von 20 Betten (...) und ist auf die Behandlung von Menschen mit Psychosen, Borderline-Störungen und Persönlichkeits-Entwicklungsstörungen spezialisiert, bei denen eine hohe Rückfallsneigung mit Autoaggressivität oder Selbstmordversuchen vorliegt, bzw. das Risiko einer chronifizierten Verlaufsentwicklung besteht“ (Jelem, H. 1997, 53–54).
Die Musiktherapie stellt hier – wie in vielen anderen psychiatrischen Therapiekonzepten – einen therapeutischen Baustein dar, den es mit anderen therapeutischen Bausteinen zu vernetzen gilt. Das bedeutet unter Anderem, dass ganz besonders das Spezifische einer jeden Therapieform zum Tragen kommen soll. Für die Musiktherapie heißt das, die Möglichkeiten der musikalischen Interaktion zu nutzen. Das bedeutet, die musikalische Handlungsebene wird in ihrer Möglichkeit genutzt, frühe Beziehungsmuster, die mittlerweile das aktuelle Leben erschweren, zu erkennen und gemeinsam daran zu arbeiten.
Bei einer Aufenthaltsdauer von 3 – 5 Monaten beträgt die durchschnittliche Stundenfrequenz in der Musiktherapie 11,30 Stunden. Die häufigste Stundenanzahl liegt im Bereich zwischen 14 und 25 Stunden. Die Musiktherapie findet im Einzeltherapiesetting statt, bei 2 Terminen pro Woche à 30 oder 40 Minuten. Hinsichtlich der Diagnosenbereiche ist die Verteilung folgendermaßen:
48 % schizophrene Psychosen,
41 % Borderline-Störungen und Essstörungen,
11 % Depression, Bipolare affektive Störung, Persönlichkeitsstörungen.
(Der erhobene Zeitraum ist das Jahr 2004.)

Der Musiktherapieraum ist groß, das Instrumentarium ist zwar schon lange am gleichen Stand – es gäbe Etliches, was zur Ergänzung wünschenswert erschiene, aber es bietet genügend Auswahl.

Zum Konzept der Fokalen Musiktherapie

Die Motivation, ein psychodynamisch musiktherapeutisches Kurztherapie-Konzept zu entwickeln, wurzelt also direkt in der musiktherapeutischen Arbeit an dieser Abteilung, die in ihrer Grundorientierung ursprünglich der Tiefenpsychologie verpflichtet war – ein Umstand, der mich von Anfang an u. a. deswegen interessiert hat, da die Psychoanalyse meines Erachtens nicht nur die entscheidenden Erklärungshilfen für das Verstehen psychischer Erkrankungen, sondern auch für das Verstehen musiktherapeutischen Geschehens bietet.
Tiefenpsychologisches Arbeiten, das nun aber untrennbar mit dem Anspruch des Ergründens, des Verstehens und der Einsicht verbunden ist, braucht in der Regel Zeit.
Auch musiktherapeutische Prinzipien werden im Allgemeinen eher mit Langzeit-Dimensionen assoziiert, da sie im Zusammenhang musikalischer Interaktionsformen eng mit Nachholprozessen und präverbalen Erlebnisformen verwoben sind.

Sowohl Nachholen oder Nachreifen als auch Erlebnisprozesse und deren Verstehen beanspruchen ebenfalls Zeit; Zeit, die in einer Kurztherapie nur begrenzt zur Verfügung steht.
Solche Überlegungen – die relativ kurze bzw. begrenzte Aufenthaltsdauer als auch der heute bewusste Umgang mit der Zeitbegrenzung in Form eines zielorientierten Gesamtbehandlungskonzeptes auf der Station – waren für mich ausschlaggebend, ein Modell zu entwickeln, das diesen Anforderungen Rechnung tragen kann. Eine zusätzliche Motivation galt einer theoretischen Positionierung meines analytisch orientierten musiktherapeutischen Arbeitens in diesem Gesamtbehandlungsgeschehen. Und nicht zuletzt dient ein klares Konzept – und vor allem ein solches, das mit einem Schwerpunkt, einem Leitthema arbeitet – der Orientierung, und zwar sowohl für den Patienten als auch für mich als Musiktherapeutin.
Vor diesem Hintergrund wurde die Hinwendung zu bestehenden psychoanalytischen Kurztherapie-Konzepten zur spannenden Auseinandersetzung und letztlich zur entscheidenden Hilfestellung und Orientierung. Die methodische Vorgangsweise zur Entwicklung dieses Modells geht den hermeneutischen Weg theoretischer Ableitung und Umformung. Das bedeutet, musiktherapeutisch relevante Faktoren werden von den Inhalten psychotherapeutischer Verfahren abgeleitet und auf der Grundlage deren Theorien erklärt und modifiziert. Ein solcher Vorgang bedeutet Querverbindungen von Theorien zu schaffen, und zwar zwischen Theorien der jeweiligen psychotherapeutischen Schule und jenen der musiktherapeutischen Handlungsansätze und Wirkprinzipien.
Es ist heutzutage selbstverständlich, dass sich musiktherapeutische Konzepte an psychotherapeutischen Verfahren orientieren – eine mittlerweile bewährte und etablierte Konzeptentwicklungsmethode (Storz 2003, 15).

Zum geschichtlichen Hintergrund

In der Literatur zu dem Thema begegnet man ausgerechnet Beispielen, die sich auf die Behandlung bekannter Musiker beziehen. Zum einen Bruno Walter (Walter 1947, 212 f.), der Freud 1906 wegen einer neurotischen Armlähmung um eine Behandlung bat, und die Freud in nur sechs Sitzungen behandelt haben soll. Zum anderen Gustav Mahler, der Freud ebenfalls aufsuchte und dessen Therapie aus einer einzigen vierstündigen Sitzung bestand (Weghaupt 1998, 197). Das ist insofern interessant, weil Freud in dieser Zeit eher mit der Rechtfertigung der zunehmenden Verlängerung der Behandlungsdauer zu kämpfen hatte, die durch die Veränderung der Technik – die Entwicklung der Widerstands- und Übertragungsanalyse – enorm zunahm (Oberlehner 1999, 31). Um dieser Verlängerung entgegenzuwirken, bemühten sich in den frühen 20er-Jahren Alexander Ferenczi und Otto Rank um eine Verkürzung der Behandlung, die sie durch eine zeitliche Limitierung und durch die Intensivierung der Affektivität in der Übertragungsbeziehung durch die Einführung der „Aktiven Technik“ zu erreichen versuchten. Thomas French und Franz Alexander in den USA griffen diese Initiative auf und Balint und die „englische Gruppe" entwickelten einige Jahre später erstmalig ein eigenständiges Kurztherapie-Konzept (im Gegensatz zu einer Verkürzung der Psychoanalyse).

Tab. 1: Anfänge kurztherapeutischer Psychotherapie

Zeit	Vertreter	Motivation	Methodische Aspekte
20er-Jahre	Sandor Ferenczi und Otto Rank (Budapest und Wien)	- Verkürzung der psychoanalytischen Behandlung, - um flexibler und störungsspezifisch behandeln zu können	„Aktive Technik" zur Beschleunigung des Übertragungsprozesses.
40er-Jahre (ab 1983)	Franz Alexander und Thomas French (Chicago)	- Verkürzung der psychoanalytischen Behandlung; - um im klinisch psychiatrischen Bereich ökonomischer behandlen zu können; - um traumatisierte Soldaten mit kurzer fokussierter Therapie behandeln zu können.	Korrigierende emotionale Erfahrung. Der Psychoanalytiker/Psychotherapeut nahm „regulierende Maßnahmen" vor.
50er-Jahre 60er-Jahre	Michael Balint, Paul H. Ornstein/ Anna Ornstein und David Malan (London)	Erstmals im Sinne eines eigenständigen Kurztherapie-Konzeptes: die „Fokaltherapie". Absicht war die Suche nach Wegen, um die Theorien und Erfahrungen der Psychoanalyse in anderer Form einer größeren Zahl von Patienten zugänglich zu machen.	„Fokusformulierung": Versuch einer Mobilisierung einer spezifischen Konfliktstelle. Kommt diese in Bewegung, kann durch die einsetzende Entwicklung der Konflikt besser als zuvor bewältigt werden.

In weiterer Folge wurden natürlich weitere Modelle erarbeitet; als Beispiele seien weitere vier skizziert und zwar – zusätzlich zum Konzept Michael Balints und dessen Team – die Konzepte von Davanloo, Sifneos, Mann und Strupp & Binder.

Tab. 2: Psychodynamische Kurztherapiekonzepte

Micheal Balint, Paul Ornstein David Malan & Enid Ornstein	Konzentration auf Interpretationen, die einen Zusammenhang zwischen Übertragungserlebnissen und Familienkonstellationen in der Kindheit herstellen.
Habib Davanloo	Bearbeitung der Widerstände von Beginn der Therapie an. Diese gilt es aufzuweichen und hinsichtlich früherer Familienkonstellationen zu deuten.
Peter Sifneos	Wichtig ist die Auswahl der Patienten. Ein enggefasster Zielbereich ist die Definition eines ödipalen Fokus. Die Gegenübertragung gilt als Störfaktor.
James Mann	Zeitliche Grenzen werden genutzt, um den Therapieprozess zu verstehen. Emotionale Konflikte sind das Ergebnis vom Kampf zwischen unbewusstem Wunsch nach unendlicher Zuwendung und dem Wissen um Endlichkeit.
Hans Strupp & Jeffrey Binder	Zentral ist die Frage, inwieweit sich Verhaltensweisen, mit denen ein Patient in der Übertragungsbeziehung auf frühere Erlebnisse reagiert, auf heutige Beziehungen auswirkt.

Alle fünf Modelle sind fokaltherapeutische Konzepte, von denen die meisten eine hohe Motivation und eine beachtliche Ich-Stärke voraussetzen. Ausnahme hier ist das Modell von Strupp & Binder, deren Konzept auch für Patienten mit größeren Ich-Funktionsstörungen konzipiert ist.

Das psychodynamische Konzept von Hans Strupp & Jeffrey Binder, das als Fundament für das vorliegende fokale Musiktherapiekonzept herangezogen wurde, scheint musiktherapeutischen Anforderungen entgegenzukommen, und zwar deswegen, weil es ein interpersonelles Modell (das an Sullivan anknüpft) ist; d. h. es stellt die zwischenmenschliche Beziehung in den Mittelpunkt.
Es geht also nicht in erster Linie um eine Rekonstruktion der Lebensgeschichte des Patienten oder um das Bewusstmachen verdrängter Erinnerungen, sondern es geht darum, darauf zu achten, wie der Patient seine Konflikte in der Therapiebeziehung inszeniert. (Dabei werden Erinnerungen an die Vergangenheit natürlich miteinbezogen und mit dem gegenwärtigen Verhalten in einen lebensgeschichtlichen Zusammenhang gebracht.) Es geht darum, zu klären, „in welcher Weise anachronistische Überzeugungen, Wünsche und Phantasien die zwischenmenschlichen Beziehungen des Patienten in der Gegenwart erschweren" (Strupp & Binder 1993, 51).

Tab. 3: Das Psychodynamische Kurztherapiekonzept von H. Strupp & J. L. Binder

Motivation	Durch die klinische Anforderung die Notwendigkeit der Entwicklung eines zeitbegrenzten Konzeptes für Patienten, die größere Ich-Funktionsdefizite aufweisen.
Psychotherapie-Hauptmerkmale	Im Mittelpunkt steht die Analyse, inwieweit sich subjektive Verhaltensweisen, mit denen der Patient auf frühere Erlebnisse reagiert hat, immer noch tiefgehend auf seine heutigen Beziehungen auswirken. Hypothese ist, dass gegenwärtige emotionale Störungen und zwischenmenschliche Schwierigkeiten ein Produkt dieser Geschichte sind. *Die Rekonstruktion der Vergangenheit und das Bewusstsein verdrängter Erinnerungen sind kein zentrales Therapieziel.*
Indikation	Patienten können kleinere und größere Ich-Funktionsdefizite aufweisen
Dauer/Frequenz	Ca. 25 Sitzungen, 1 mal wöchentlich. Die zeitliche Begrenzung wird festgelegt, wenn ein Therapiefokus umrissen werden kann.

Die Sichtweise ist die, dass die therapeutische Beziehung darin besteht, dass sich zwei Menschen an einer strukturierten Interaktion beteiligen und beide Beteiligten diese Beziehung aus mehreren von einander abhängigen Perspektiven erleben. Diese Perspektiven spiegeln sich wiederum in Haltungen und Verhaltensweisen wieder, von denen auch beide Beteiligten wechselseitig beeinflusst werden (Übertragungs – Gegenübertragungsgeschehen/Handlungsdialog). D. h. die Bearbeitung des Beziehungsgeschehens zwischen Therapeut und Patient ist das Kernstück der therapeutischen Anstrengung.

Diese konzeptuelle Bedeutung der therapeutischen Beziehung ist insofern wertvoll, weil dadurch auch ein Weg zum Verstehen der musiktherapeutischen Aktivität bzw. Mitbeteiligung gefunden werden kann. Dieses Spezifikum der Musiktherapie, die mit der Improvisation arbeitet, stellt bekanntermaßen ein wesentliches Grund- bzw. Wirkprinzip dar. Und dieses therapeutische Arbeitsverständnis macht es auch möglich, den therapeutischen Notwendigkeiten, die sich in der Arbeit mit psychotischen Patienten stellen, nachzukommen, wie zum Beispiel unterstützend bei der Entwicklung von einer Entdifferenzierung zu einer Differenzierung der Erlebnisinhalte mitzuwirken.

Das Konzept der Fokalen Musiktherapie

Das Konzept geht von einem Zeitrahmen von zwei bis vier Monaten und einer Frequenz von 10–25 Stunden aus, was sowohl im stationären als auch im ambulanten Setting möglich ist. Es ist aus der Arbeitssituation mit psychiatrischen Patienten erwachsen, muss aber nicht auf diese Patientengruppe eingegrenzt verstanden werden.

Tab. 4: Fokale Musiktherapie – Wesentliche Therapiefaktoren

- Indikation und Voraussetzungen
- Ziele
- Zeit
- Musiktherapeutische Haltung
- Übertragung und Gegenübertragung
- Dynamischer Fokus
- Abwehr und Widerstand
- Musik und Musikerleben
- Musikalische Wirkfaktoren
- Technik und Interventionen
- Ein Modell des Verstehens

Hier soll nur auf ausgewählte Therapiefaktoren eingegangen werden und zwar auf diejenigen, die die Charakteristik des Konzeptes besonders für die musiktherapeutische Arbeit mit psychotischen Patienten aufzeigen; es sind dies: die Indikation, die Voraussetzungen, die Art der Zielsetzung, der Umgang mit der Zeit, die musiktherapeutische Haltung, die Arbeit mit einem dynamischen Fokus und die musiktherapeutische Technik.

Die **Indikation** orientiert sich an der Frage, ob in einem bestimmten Zeitrahmen ein eingegrenztes Anliegen mit musiktherapeutischen Mitteln erarbeitet werden soll.
Das heißt also z. B.:
- die musiksprachliche Ausdrucksform ist hilfreich
- die Musik/das Instrument/ein musikalisches Produkt als „intermediäres Objekt“ bzw. als „dritte Instanz im Raum“ ist hilfreich und die musikalische Interaktionsmöglichkeit ist hilfreich zur Reinszenierung früher Beziehungsmuster sowie deren Bearbeitung.

Voraussetzungen sind:
- Emotionales Unbehagen
- die Bereitschaft zum Aufbau einer Arbeitsbeziehung

- die Bereitschaft und Fähigkeit, musikalische Ausdrucksformen auszuprobieren
- die Bereitschaft und die Fähigkeit, Gefühle zu erkunden und zu benennen
- und die Bereitschaft und – zumindest ansatzweise – die Fähigkeit, über Gefühle und Konflikte im zwischenmenschlichen Bereich nachzudenken.

Das **Ziel** ist, über den Weg musikalischer Ausdrucksmittel unvollständig gebliebene Interaktionen erlebbar und verständlich zu machen und zu bearbeiten, um damit als Basis für eine bessere Lebensbewältigung neue Beziehungsqualitäten zu ermöglichen. Dieses Arbeitsverständnis sollte mit dem persönlichen Ziel des Patienten, das zu Beginn der Therapie gemeinsam erarbeitet wird ebenso in Verbindung gebracht werden können wie mit der Unterstützung zur Differenzierung der Erlebnisinhalte im Hinblick auf eine Integration psychotischer Inhalte.

Besondere Beachtung findet der Umgang mit der **Zeit.** In Anlehnung an James Mann werden dem Therapieprozess drei Phasen zugeordnet, wobei diese Einteilung einem Prozessverständnis dient, nicht einer methodischen Einteilung.
In der ersten Phase geht es zunächst um die Erarbeitung eines Ziels und um die Entwicklung eines Fokus. Im Mittelpunkt stehen Spielerisches Experimentieren mit den neuen musikalischen Ausdrucksweisen und die gemeinsame, den Patienten unterstützende Improvisation.
In der zweiten Phase werden oft Zweifel an der musikalischen Betätigung und Unzufriedenheit mit dem Klangergebnis geäußert. Diese Phase ist vom Beziehungsgeschehen, den Inszenierungen früher Beziehungsmuster und deren Bearbeitung dominiert.
In der dritten, der Trennungsphase nehmen häufig bewusste Gestaltungswünsche des Patienten mehr Raum ein, außerdem stehen trennungs- bzw. entlassungsbezogene Themen im Vordergrund.

Das Wesentliche des Modells und eine maßgebliche Orientierungshilfe ist die musiktherapeutische Arbeit mit einem dynamischen Fokus, der während des gesamten Therapieprozesses als Bezugspunkt im Zentrum des Interesses steht. Er ist auf der einen Seite die zu erarbeitende Grundlage dafür, den Patienten mit seinen teilweise nicht zielführenden Beziehungsmustern und Lösungsversuchen zu verstehen, andererseits aber auch eine entscheidende Hilfe dafür, das gemeinsame Ziel – auch während einer Improvisation – nicht aus den Augen zu verlieren.
Ausgehend von der Übertragungssituation in der musikalischen Interaktion sollte der Fokus ein zwischenmenschliches Beziehungsmuster erfassen, das lebensgeschichtlich bedeutsam ist und auch in der aktuellen Lebenssituation Schwierigkeiten verursacht.

Tab. 5: Der dynamische Fokus

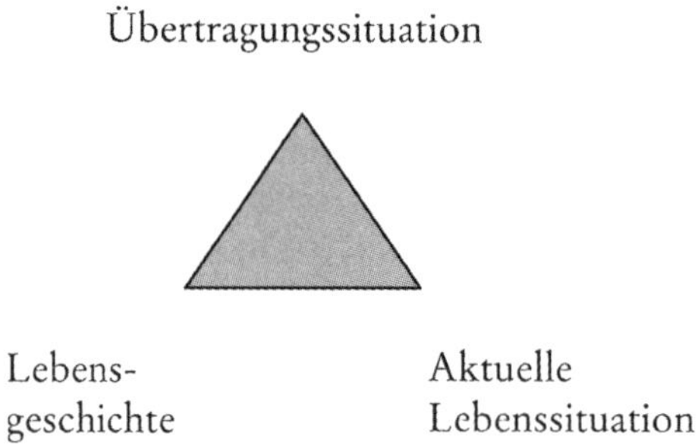

Die musikalische Interaktion dient dabei der Verdeutlichung dessen, was der Patient zur musikalischen Interaktion beiträgt und der Verdeutlichung grundlegender Erwartungshaltungen und Rollenzuschreibungen.
Das heißt, der dynamische Fokus, bzw. die Fokusformulierung ist gewissermaßen eine Deutung, die nach den ersten Therapiestunden – also in der ersten Phase – erarbeitet und formuliert wird. Sie gilt für den weiteren Therapieverlauf als Leitthema, auf den sich die folgenden Interaktionen im Wesentlichen beziehen sollen. Sowohl die lebensgeschichtlichen Fakten wie auch die aktuelle Lebenssituation werden natürlich im Gespräch erhoben; Die Übertragungssituation aber findet gerade in der musikalischen Interaktion sehr rasch einen deutlich spürbaren und hörbaren Ausdruck. Damit leistet sie von Beginn an einen entscheidenden Beitrag zum Erfassen der Beziehungsgestaltung. Die Beschreibung der zwischenmenschlichen Interaktion sollte sowohl beinhalten, was ein Patient zu einer Beziehung beiträgt, als auch berücksichtigen, wie andere Menschen darauf reagieren. Diese Fokusformulierung, die mit wenigen Sätzen diese zentralen Eindrücke und Kenntnisse in einen deutenden Zusammenhang bringt, sollte möglichst auch einen Sinn hinter den bisherigen Verhaltensmustern des Patienten erkennen lassen. Dabei sollte sie nicht zu lange und natürlich für den Patienten verständlich sein, also auf einer handlungsbezogenen Sprache bzw. der Alltagssprache basieren.

Ein Aspekt, der im Zusammenhang psychiatrischen Arbeitens ebenfalls von größerer Relevanz ist und daher entsprechende Beachtung finden sollte, ist die **musiktherapeutische Haltung**; gemeint ist die musikalische Umsetzung der Qualitäten, die einer therapeutischen Haltung zuzuordnen sind; Eigenschaften, die in der psychotherapeutischen Literatur auch als „unspezifische Wirkfaktoren“ beschrieben werden.

Tab. 6: Die musiktherapeutische Haltung

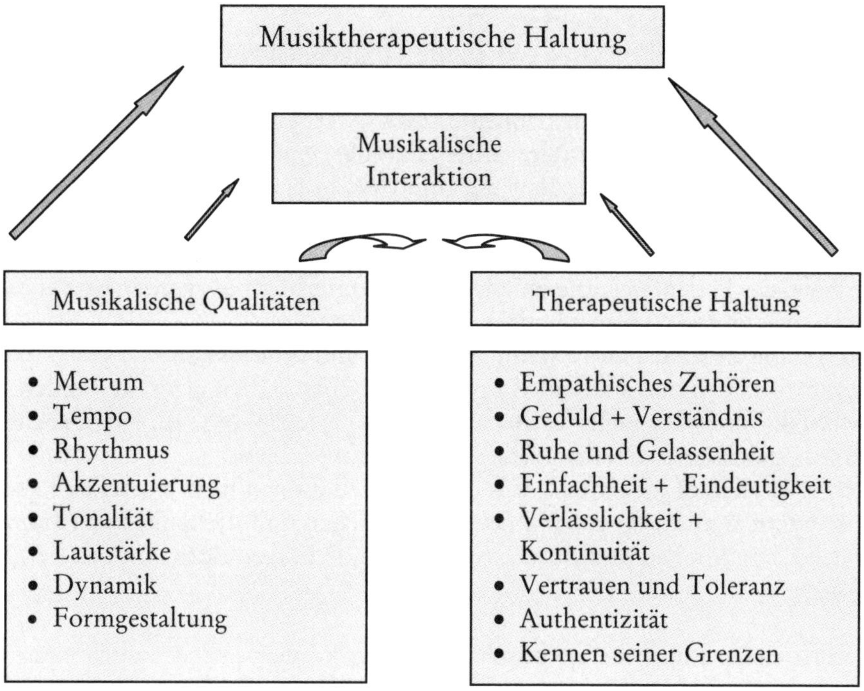

Es geht beispielsweise um Qualitäten, wie sie Luc Ciompi (1982, 364) beschreibt: Qualitäten, die ganz grundsätzlich eine günstige Wirkung auf die psychische Entwicklung haben – wie z. B. Empathie, Geduld und Verständnis, Ruhe und Gelassenheit, Einfachheit und Eindeutigkeit, Verlässlichkeit und Kontinuität, Vertrauen, Toleranz sowie Authentizität und das Kennen der eigenen Grenzen. Solche Qualitäten sind musikalisch umsetzbar. Das bedeutet, die musiktherapeutische Haltung wird in der Improvisation durch diese Qualitäten charakterisiert. Zusammenfassend geht es um musikalische Spielqualitäten, die sich auf ein mitschwingendes musikalisches Präsentsein, auf eine nachvollziehbare Begleitung oder Verstärkung, auf ein aktives und gleichzeitig empathisches Mitspiel beziehen und die sich am Grad der Ausdrucksfähigkeit des Patienten orientieren.

In der aktuellen Literatur findet sich eine Verwandtschaft in der Beschreibung musiktherapeutischer Haltung bzw. musiktherapeutischen Vorgehens bei Tony Wigrams Ausführungen in seinem Buch Improvisation unter dem Begriff „matching", also „dazupassendes Spiel". Seine Formulierung:
„Matching: Improvising music that is compatible, matches or fits in with the client's style of playing while maintaining the same tempo, dynamic, texture, quality and complexity of other musical elements" (2003, 84).

Strupp & Binder widmen sich der therapeutischen Haltung mit 25 Prinzipien bzw. Leitsätzen, die im vorliegenden Konzept musiktherapeutisch ergänzt wurden.
Als Beispiele seien einige herausgegriffen:

- Zu Beginn der Musiktherapie sollten die Möglichkeiten und der Sinn sowie die Vorgangsweise einer gemeinsamen musiktherapeutischen Arbeit und gegebenenfalls die Handhabung der Instrumente erklärt werden.
- Dem Patienten sollte vermittelt werden, dass die gemeinsame Arbeit und die Unterstützung darin bestehen, über die Improvisation an seiner inneren Welt teilzuhaben, seinen musikalischen Ausdruck sowie das von ihm ausgehende Beziehungsgeschehen zu verstehen.
- Das Spiel des Patienten sollte möglichst nicht unterbrochen werden bis verständlich ist, was er mitzuteilen versucht.
- Von Anfang an sollte beim Patienten Neugier und Interesse an sich selbst und an der gemeinsamen musikalisch – improvisatorischen Arbeit geweckt werden.
- Sowohl die Verbal-Sprache als auch die Musik-Sprache sollte für jeden verständlich sein, gewissermaßen der Alltagssprache entsprechen.
- Wichtig ist, darauf zu achten, dass die Improvisationen nicht vorschnell gedeutet, sondern stattdessen anhand der musikalischen und dynamischen Parameter zunächst beschrieben und durch weiterführende Fragen oder Hinweise ergänzt werden.

Diese Prinzipien musiktherapeutischer Haltung können grundsätzlich einer klaren und verständlichen Umgangsweise mit dem Patienten dienen und vor allem Orientierung vermitteln für das zunächst für den Patienten oft fremde und nicht einzuordnende musikalische Spiel, um das Erleben im Hinblick auf eine spätere Differenzierung doch zumindest ansatzweise sortieren zu können.
Darüber hinaus stellen solche Prinzipien musiktherapeutischer Haltung auch die Grundlage für musiktherapeutische Techniken und Interventionsformen dar.

Das Verständnis musiktherapeutischer Techniken orientiert sich an der Definition von Storz im Wörterbuch der Psychotherapie aus dem Jahr 2000 (444–445):
„Musiktherapeutische Techniken realisieren sich in der Verbindung von psychotherapeutischen Techniken wie Nähren, Stützen, Holding, Spiegeln, Konfrontieren, Deuten u. a. m. und gezielter Arbeit mit musikalischen Qualitäten wie Metrum (…), Rhythmus, Klang, Tonalität und Dynamik (…)“.

Die Techniken, die im Fokalen Musiktherapiekonzept zur Anwendung kommen, sind vor allem: Stützen, Containment, Erforschen der musikalischen Interaktion, Einbeziehen von Außenmaterial (also Themen und Probleme aus dem realen Alltag), Konfrontation, Klarifikation und Deuten.

Tab. 7: Die musiktherapeutischen Techniken

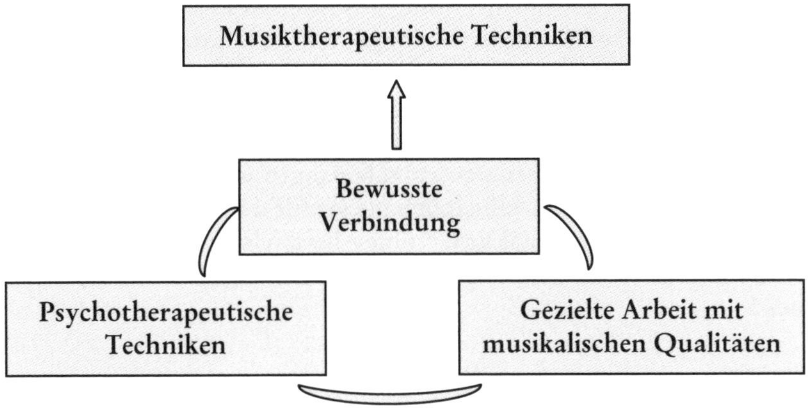

Musiktherapeutische Techniken, die im Konzept Fokaler Musiktherapie zur Anwendung kommen, sind vor allem:

Stützen

Containment

Erforschen der musikalischen Interaktion

Fragen zum Verstehen des Erlebens

Dynamischen Fokus entwickeln

Einbeziehen von Außenmaterial

Konfrontation

Klarifikation

Deuten

Auf diese Techniken soll nun im Zusammenhang der Arbeit mit psychotischen Patienten eingegangen werden.

Stützen

Für die Arbeit mit psychotischen Patienten ist Stützen von recht zentraler Bedeutung, geht es doch vorrangig zunächst darum, dem Patienten dabei behilflich zu sein, seine Gefühls- und Gedankenwelt ordnen zu können. Dazu braucht er Sicherheit und zuerst einmal wenigstens eine äußere Ordnung. Musikalisch ist dafür jede Form von unterstützendem Begleiten gemeint bzw. ein Spiel, das sich an den musikalischen Parametern des Patienten orientiert und das zu dessen Spielweise passend gestaltet wird. (Hier sind auch die Qualitäten von Bedeutung, die in diesem Konzept der musiktherapeutischen Haltung zugeordnet sind.)

Containment

Psychotische Menschen, die in einer völlig unsortierten Erlebniswelt leben, in der Gefühle, die als unerträglich erlebt werden, durch Phantasien ersetzt werden, die manchmal durch alle Bewusstseinsebenen durcheinander geraten, können über plötzlich auftauchende Gefühle besonders irritiert sein.
Umso wichtiger ist die Funktion des Containments bei dem alle Regungen, alle Gefühle des Patienten vom Therapeuten aufgefangen und gewissermaßen mental verdaut werden, so dass sie sich allmählich in eine für den Patienten erträgliche Erlebensform verwandeln können. Die Gefühle – beispielsweise die Ängste – können ja nicht einfach zum Verschwinden gebracht werden, es geht darum, sie aushaltbar zu machen.

Erforschen der musikalischen Interaktion

Mit dem Erforschen der musikalischen Interaktion ist das Erkennen der Inszenierungen des Patienten gemeint. Die zentralen therapeutischen Faktoren, die dieses Geschehen dominieren, sind die Übertragung und die Gegenübertragung.
Im Verständnis der Übertragung wird davon ausgegangen, dass sich der Patient auf einzelne, bestimmte Aspekte der Persönlichkeit sowie des musikalischen Verhaltens des Therapeuten konzentriert und dass er ihn zu einer ganz bestimmten Erwartungs- und Interpretationseinstellung drängt; zum Anderen, dass sich seine Gefühle und sein musikalisches Verhalten unbewusst an seiner Erwartungs- und Interpretationseinstellung orientieren. Der Patient verhält sich so, dass er beim Therapeuten jene (verbal- sowie musiksprachlichen) Reaktionen hervorruft, die seiner Einstellung und seinen Erwartungen entsprechen.
Die Gegenübertragung wird als eine Form zwischenmenschlicher Empathie verstanden, bei der der Musiktherapeut dazu veranlasst wird, Rollen zu spielen, die ihm durch die unbewussten Inszenierungen des Patienten zugewiesen werden. Auf diese Weise kann die Gegenübertragung, und dies ganz besonders in der musikalischen Interaktion, eine Möglichkeit darstellen, an der inneren Welt des Patienten sehr unmittelbar teilzuhaben.

Abwehr und Widerstand

Erschwerende und komplizierende Faktoren in diesem Geschehen sind diejenigen, die sich der Aufdeckung eines unbewussten Konfliktes in den Weg stellen bzw. diese verhindern wollen, die Abwehr und der Widerstand.
So wird der Abwehr als intrapsychischem Phänomen und dem Widerstand als interpersonellem Phänomen von Anfang an große Aufmerksamkeit gewidmet. Die musikalische Interaktion wird u. a. als Möglichkeit verstanden, dass die Art der Abwehr und das Abgewehrte selbst über ihre hörbare Gestalt erkennbar und auch dem Patienten behutsam nahe gebracht werden kann. Zentrale Ausgangsfragen, die sich der Musiktherapeut in jedem Spiel fragen sollte, sind: „Was ist die unbewusste

Absicht in der Interaktion, wie wird diese verhindert, und wie bewegt der Patient den Musiktherapeuten dazu, diese mitzuverhindern?

Fragen zum Verstehen des Erlebens

Will man diesen Phänomenen Rechnung tragen, kann sich das in folgenden Fragen, an denen wir uns orientieren können, realisieren.

- Es geht darum, wie mich der Patient in der musikalischen Interaktion erlebt – wie er meine Spielweise erlebt und wie ich den Patienten und seine Spielweise erlebe.
- Eine weitere Überlegung ist, welche Phantasien zu meiner Person dem Spiel des Patienten zugrunde liegen und ebenso, inwiefern meine musikalische Reaktion durch Phantasien des Patienten mitbedingt sind.
- Und ich sollte im Spiel darüber nachdenken, inwiefern das aktuelle Spiel – sowohl bei mir als auch beim Patienten – eine Folge der vorangegangenen musikalischen Interaktionen sein kann.

Darüber hinaus wissen wir in der Arbeit mit psychotischen Patienten ja um die Bedeutung von Struktur und Orientierung. Um im Erleben des musikalischen Geschehens nicht die Orientierung zu verlieren muss man das, was man erlebt, unterscheiden bzw. irgendwie zuordnen können. Das kann auf dem Weg geschehen, dass wir zunächst selbst die gespielte Musik anhand ihrer Parameter beschreiben und uns damit für die oft notwendige Brückenfunktion zur Verfügung stellen, den Übergang vom musikalischen Ausdruck zum gesprochenen Wort zu schaffen, um anschließend diese schlichte Beschreibung im Sinn einer Umrisszeichnung mit weiterführenden Fragen zu ergänzen.

Die Entwicklung eines dynamischen Fokus

Wie in der Arbeit mit anderen Patienten auch dient die Entwicklung eines dynamischen Fokus zum Einen dem gemeinsamen Verständnis, um was es in der gemeinsamen Arbeit gehen könnte oder sollte und zum anderen einer sinnvollen Eingrenzung im Hinblick auf den limitierten Zeitrahmen. Ein dynamischer Fokus kann aber ebenso der Orientierung und Sortierung dienen. Eine Fokusformulierung hat nicht zuletzt einen Differenzierungseffekt.

Einbeziehen von Außenmaterial

Für die Arbeit im stationären Rahmen, in dem die Musiktherapie im Allgemeinen einen Baustein einer Gesamtbehandlung darstellt, heißt es u. a. auch, darauf zu achten, dass der Patient mit den vielen therapeutischen Eindrücken zurecht kommen und diese einzelnen Eindrücke auch in Verbindung miteinander bringen kann. Das bedeutet, dass auch Themen aus dem realen Alltag, auch aus dem Stationsalltag – wenn sie vom Patienten gebracht werden – aufgegriffen werden und – wenn es Sinn ergibt – auch mit dem Fokus in Verbindung gebracht werden.

Konfrontation

Musikalische Konfrontationsformen wie etwa der musikalische Dialog oder eine themengeleitete Improvisation können auf bestimmte Zusammenhänge mit immer wieder auftauchenden Gefühls- oder Ereignisqualitäten aufmerksam machen. Auf wortsprachlicher Ebene wäre hier das Benennen von Spielvorgängen und Gefühlsqualitäten das entsprechende Vorgehen, mit dem wir den Patienten auf diese Gefühls- und Beziehungsqualitäten hinweisen und aufmerksam machen. Weiterführende Fragen zu seinem Erleben können sich damit an dieser vorläufigen Beschreibung im Sinne eines Bezugspunktes orientieren.

Klarifikation

In weiteren Schritten zum Erleben und zum Erfassen von Zusammenhängen können gemachte Erfahrung in konfrontierenden Improvisationsformen fokussiert und wiederholt werden. Dabei spielt in der psychiatrischen Arbeit das Herstellen von Bezügen auf der realen Ebene die wesentliche Rolle.

Deuten

Deuten bezieht sich hier eher auf „Beziehungsdeutungen im Hier und Jetzt", Beziehungsdeutungen, die von der realen Ebene ausgehen und die reale Ebene ansprechen. Eine weitere Deutungsaufgabe kann der Übersetzung psychotischer Inhalte in die Alltagserfahrung gewidmet sein. Eine solche Übersetzung ist ein Schritt auf dem Weg zur Integration dieser Inhalte. Noch einmal sei auf das „Prinzip der Allmählichkeit" verwiesen. Der Weg zum Verstehen oder gar zur Integration psychotischer Inhalte ist lang, außerdem mühselig. Deutungen, die womöglich nach jedem Spiel und in erster Linie von dem Wunsch durchdrungen sind, das eigene Wissen darzulegen, können in der Regel kein Verstehen bewirken. Therapeutisches Vorgehen, das sich dem „Prinzip der Allmählichkeit" verweigert oder nicht genug Rechnung trägt, kann zu keinem Gelingen führen.

Eine Fallvignette

Frau O., eine 23-jährige Patientin, wird mit den Diagnosen Psychotisches Zustandsbild, Essstörung, Depression und emotional-instabile Persönlichkeit aufgenommen.

Frau O. ist in einer anderen Stadt aufgewachsen. Die Ehe der Eltern ist von Gewalttätigkeiten des Vaters überschattet, die Patientin stellt sich häufig schützend vor die Mutter. Diese Erfahrungen verarbeitet sie traumatisch, d. h., diese Gewaltszenenbilder lassen sie nicht mehr los. Die Eltern lassen sich scheiden – die Patientin ist drei Jahre alt. Nach der Scheidung der Eltern wächst die Patientin bei der Mut-

ter und zwar in einer sehr symbiotischen Beziehung auf, zum Vater hat sie danach nur mehr sehr wenig Kontakt.
Die Mutter, eine Pädagogin, arbeitet in einem Heim, wohin sie die Tochter mitnehmen kann. Dort kommt es allerdings zu einem Missbrauchserlebnis durch einen älteren Buben, woraufhin die Mutter sofort die Arbeitsstelle wechselt.
Die Tochter besucht problemlos das Gymnasium und ist eine mittelmäßige Schülerin. Während der Pubertät, im Alter von ca. 15 Jahren, lernt die Mutter ihren heutigen Lebensgefährten kennen – eine einschneidende Erfahrung für die Tochter, mit der sie nicht fertig wird. Vor Beginn ihres Abiturjahres beschließen die Mutter und ihr Lebensgefährte, zusammenzuziehen, was die Tochter in eine schwere Krise führt. In eine neue gemeinsame Wohnung will sie nicht mit einziehen und so plant sie einen Suizid, den sie im Ausland auszuführen beabsichtigt. Die Mutter bemerkt aber ihr heimliches Weggehen, ist beunruhigt und findet Tagebuchaufzeichnungen, in denen die Tochter das Vorhaben angekündigt hat. Dadurch kommt die Patientin nur bis zum Flughafen und anschließend in die städtische Psychiatrie, wo sie fünf Monate stationär behandelt wird. Sie zieht danach in eine Wohngemeinschaft und schafft ohne Zeitverlust das Abitur. Anschließend arbeitet sie 1 ½ Jahre im Ausland, kommt zurück nach Österreich und möchte ihren Traum verwirklichen, nämlich an einer Schauspielschule studieren. Sie macht die Aufnahmeprüfung, fällt durch und wird zum ersten Mal psychotisch. Nach einem kurzen Psychiatrieaufenthalt studiert sie Sprachwissenschaften, versucht weiterhin wiederholte Male die Schauspiel-Aufnahmeprüfung, fällt aber jedes Mal durch und landet immer wieder in der Psychiatrie. Bei ihrem letzten Aufenthalt wird ihr von der behandelnden Station eine längerfristige stationäre Therapie auf unserer Station empfohlen, woraufhin sie sich zum Vorstellungsgespräch entschließt.

Ihre Ziele, die sie formuliert, sind:

- Verbesserung ihres Wirklichkeitsgefühls
- mehr innere Orientierung
- Ein besseres Selbstwertgefühl entwickeln und
- einen Umgang mit ihrer strengen Selbstbeurteilung zu finden

Auffällig sind: Gefühlsausbrüche, Beziehungsideen, Wahnideen, das Bemühen, Distanz herzustellen und massive Selbstabwertung.
Sie berichtet über ausgeprägte Tagträume seit der Kindheit, Unsicherheit, Orientierungslosigkeit, innere Überflutung, äußere Reizüberflutung sowie das Gefühl, neben sich zu stehen. Sie habe keine Kontrolle über ihre Gedanken, wisse nicht, was wirklich sei, ob sie wirklich sei und fühle sich fremd und nicht als Ganzes. Auffällig ist außerdem ihre massive Selbstabwertung.

In der Musiktherapie begegnet mir Frau O. sehr freundlich und interessiert, vorsichtig und schüchtern. Sie scheint gehemmt, wertet sich ständig ab und zeigt sich häufig beschämt und peinlich berührt.

Wir besprechen zunächst das Wesen der Musiktherapie und es stellt sich rasch heraus, dass Frau O. eine angemessene Vorstellung zum Sinn einer gemeinsamen musiktherapeutischen Arbeit hat und so vereinbaren wir zwei wöchentliche Termine für die Dauer ihres Stationsaufenthaltes.
Nachdem die ersten beiden Stunden dem Kennenlernen und Erforschen der Instrumente und den damit verbundenen Spielmöglichkeiten gewidmet sind, beginnen wir mit ersten gemeinsamen freien Improvisationen.
In der musikalischen Interaktion ist mein Gefühl ihr gegenüber von Vorsicht und Behutsamkeit geprägt und ich bin ständig darauf bedacht, ihr ja nicht zu nahe zu kommen, denn sie scheint immer sehr für sich spielen zu müssen, musikalischer Nähe weicht sie jedes Mal aus.
Nach einigen Improvisationen äußert sie den Wunsch, dass wir unterschiedliche Instrumente spielen sollten, damit sich der Klang nicht „vermische“ und sie wissen und hören könne, wer wer sei. Sie spielt abwechslungsreich – immer wieder etwas anderes, wirkt dabei recht verloren und sucht immer das Besondere und Außergewöhnliche. Manchmal scheint sie eine Vervollständigung durch mein Spiel zu erwarten.
Sie fragt immer wieder nach meiner Unterstützung. Musikalische Beziehungsqualitäten kann sie rasch wahrnehmen; sie fürchtet schnell die Verschmelzung, was sie häufig die erkennbare Unterscheidung oder Distanz suchen lässt.
Ihre Spielweise scheint eher sprunghaft, immer wieder den Charakter wechselnd; auffällig ist eine Art Verlorenheit und Zerfallenheit; mir fällt es oft schwer, sie zu begleiten oder in irgendeiner Weise etwas für mein Gefühl Sinnvolles zu ihrem Spiel zu spielen.

In einer Improvisation in der fünften Stunde spielt die Patientin am Klavier, ich selbst am Digitalklavier mit der Einstellung E-Piano.
Ich fühle mich im Spiel überflüssig, sie scheint einfach nichts von mir zu wollen und zu brauchen, musikalisch weicht sie mir immer wieder aus, sie vermittelt mir aber gleichzeitig, dass sie sich bei mir wohl fühlt. Und nach dem Spiel – wie nach etlichen anderen – lässt sie mir ein Lob zukommen und äußert fast bewundernd, dass ich aus dem Spiel wieder „So was Tolles, was Außergewöhnliches“ gemacht habe. Ihr eigenes Spiel wertet sie hingegen ab. Sie bestätigt meinen Eindruck, dass es sehr schwierig sei, zusammen zu spielen mit der Ergänzung, „in mir fällt alles auseinander, das klingt halt wie's in mir aussieht.“

In fast allen späteren Reflexionen spielt ihre tiefe Aversion allem Gewöhnlichen gegenüber eine zentrale Rolle, ein zuverlässig auftauchendes Gefühl, das wir auch bald mit ihrem Berufswunsch in Verbindung bringen können, das aber von allen anderen Gefühls- und Beziehungsqualitäten fernzuhalten scheint.
Mit diesen Eindrücken formuliere ich in der fünften Stunde folgende Fokusformulierung:

„Mir kommt vor, dass Sie sich in unseren Spielen immer sehr anstrengen, um mir zu zeigen, dass Sie sehr gut allein mit sich zurecht kommen und nichts „Gewöhnliches“, wie z. B. ein „Auf Sie zugehen“ von mir brauchen, sondern lieber davon ausgehen, dass ich Ihr Spiel in genialer Weise zum idealen Kunstereignis mache. Damit müssen Sie nichts von Ihren gewöhnlichen Bedürfnissen und Gefühlen spüren, bleiben aber auch immer damit allein.“

Ihre Reaktion auf diese Formulierung ist zunächst interessierte Verwunderung und Nachdenken, recht bald kann sie sogar auch zustimmen. Das Sortieren ihrer Gedanken zu ihren außergewöhnlichen Ideen und Anliegen sowie unsere musikalische Beziehungsgestaltung mit ihren Wünschen nach Nähe und ihrer gleichzeitigen Angst vor Nähe kann damit unser Leitthema sein.

In einem Spiel während der zweiten Phase spielt Frau O. Schlagzeug, ich spiele Klavier.

Mein vorherrschender Eindruck ist ihre neue Vorsicht und immer wieder das Gefühl, dass sie darauf zu achten versucht, ob ihre Motive für mich mitspielbar sind, bzw. der Eindruck, als ob sie darauf warten würde, dass ich ihr nachkommen kann.

Im anschließenden Gespräch zeigt sie sich zunächst betroffen darüber, dass „soviel Energie hörbar geworden sei“. Auf meinen Kommentar, ich hätte den Eindruck gehabt, dass sie darauf gewartet und gehört habe, ob ich auch angemessen zu ihrem Spiel dazuspielen könne, bekomme ich wieder das Kompliment, dass ich aus den Spielen durch meine Ergänzung etwas Tolles gemacht habe.

Ich erinnere sie an die Fokusformulierung, unser Leitthema, woraufhin sie zum ersten Mal sehnsuchtsvoll dem Wunsch Ausdruck verleiht, dass sie „so gern auch bei oder mit mir mitspielen würde“ und „so gern ein Gefühl von Gemeinsamkeit“ hätte, es aber einfach nicht könne.

In dieser Zeit beschließt sie, nicht mehr in einer Wohngemeinschaft, sondern, zum ersten Mal allein in einer eigenen Wohnung zu wohnen und macht sich auf Wohnungssuche. Gleichzeitig setzt sie sich mit ihrer Ausbildungszukunft auseinander und kämpft heftig mit dem Unwillen, etwas anderes, realistischeres als das Schauspielstudium anzustreben. (Sie hat die Erfahrung gemacht, dass ihr die Schauspielerei ermöglicht, sich zu spüren – eben in der Rolle einer anderen; deshalb fällt es ihr so schwer, diesen Wunsch aufzugeben.)

In die Bewegungstherapie kommt sie in dieser Zeit mit häufigen Schulterschmerzen und wünscht sich Massagen. Sie scheint die Berührung, die sie zu Beginn der Bewegungstherapie heftig abgelehnt hat, allmählich zu genießen und kann immer mehr ihren Körper mit positiven Wahrnehmungen besetzen.

In der Bildnerischen Therapie fallen einerseits fragmentarisch geprägte Darstellungen, ihr Pendeln zwischen Idealisierung und Abwertung auf, ihre strengen Selbstbeurteilungen und ihre Schwierigkeit, Maß zu halten. Und – sie scheint eine Meisterin darin zu sein, den Dingen immer wieder eine andere Bedeutung zu geben, so dass das Thema letztendlich wieder in Diffusität und Verirrung landet.

In der Zeit beginnt sie auch mit der Skillsgruppe, die ihr anfangs eher schwer fällt, da sie durch die Inhalte und die Übungen sowohl „einer inneren Überflutung als auch einer äußeren Reizüberflutung" ausgesetzt sei. Auffällig ist aber, dass sie sehr ernsthaft nach hilfreichen Strategien sucht, um mit für sie schwierigen Situationen besser zurechtkommen zu können.
In einer Improvisation während der letzten Phase spielen wir an zwei Klavieren und in diesem Spiel entstehen wechselseitig initiierte Motive, die wir beide jeweils aufnehmen und weiter entwickeln. Das Spiel zeichnet sich durch eine gemeinsame differenzierte musikalische Beziehungsgestaltung aus.
Nach dem Spiel sagt sie, sie habe sich zum ersten Mal auf mein Spiel einlassen können und wir hätten noch nie so direkt zusammengespielt. Das deckt sich mit meinem Eindruck: Sie spielt sehr dynamisch, sowohl energisch als auch sehr sanft und zart, bleibt in einer rhythmischen Struktur und weicht mir nicht aus sondern bleibt mit mir im Spiel.
In ihrem Alltag hat Frau O. mittlerweile eine Wohnung gefunden, die ihr gefällt und sie ist dabei, diese sukzessive einzurichten. Eine sehr große Anforderung ist das Allein-Wohnen, das sie an den Wochenenden versucht. Wohl ist sie dabei wieder vermehrt ihren Tagträumen und Diffusitätsgefühlen ausgesetzt. Aber – es ist ihr möglich, die Enttäuschung darüber, dass es so ist, auszuhalten und ihren Wunsch, das Wohnen weiterhin zu üben, aufrecht zu erhalten.

Die musiktherapeutische Arbeit mit einem solchen Fokus bedeutet, dass die musikalische Interaktion den gesamten musiktherapeutischen Prozess dominiert. Sie stellt den Beziehungsrahmen dar und lässt Beziehungsmuster erlebbar und auch deutlich werden, so dass sie immer wieder in Zusammenhang mit der Fokusformulierung gebracht werden können. Die Fokusformulierung zeigt einen Verbindungsweg zwischen dem Erleben in der musikalischen Interaktion und dem Erleben in vielen anderen Beziehungssituationen auf. Für den Patienten hat eine solche Vorgangsweise den Vorteil, dass sich so die musiktherapeutische Arbeit überschaubar und verständlich gestalten lässt und damit die Chance eines zunehmenden Interesses an sich selbst eher gegeben ist und auch leichter erhalten werden kann.
Es ist *eine* Form oder Methode unter vielen anderen, musiktherapeutisch sinnvoll zu arbeiten. Wenn die Voraussetzungen für ein solches Vorgehen gegeben sind, ist es meines Erachtens ein hilfreiches Konzept, das ein spannendes Arbeiten möglich macht.

Musiktherapie in der Behandlung schizophrener Patienten Eine Falldarstellung mit Blick auf Analogien zwischen musikalischen und therapeutischen Prozessen

Heiko Isermann

Einleitung

Schizophrenie ist die weltweit am meisten verbreitete psychische Störung. Bei einem Drittel der Menschen mit Schizophrenie hat die Krankheit einen mehr oder weniger chronischen Verlauf. Bei deren stationären Behandlung in psychiatrischen Kliniken ist das Rehabilitationsmodell von großer Bedeutung. Musiktherapeutische Angebote basieren auf diesem Rehabilitationsmodell und können dabei helfen, die negativen Symptome zu mindern und die psychosoziale Orientierung und die Lebensqualität zu verbessern. Diese finden in den meisten Kliniken als Gruppenmusiktherapien statt. Der Verlauf einer solchen Gruppenmusiktherapie soll anhand einer Falldarstellung, mit Fokus auf die darin stattfindenden musikalischen und therapeutischen Prozesse, veranschaulicht werden. Dabei sollen insbesondere musiktherapeutische Methoden und Techniken diskutiert werden.
Der Vortrag ist angelehnt an das Kapitel über Schizophrenie und Psychosen (Ullrich & Isermann 2006) aus dem Handboek Muziektherapie (Smeijsters 2006).

Eine kurze Skizierung von Schizophrenie

Die Diagnose Schizophrenie wird gestellt, wenn minimal zwei Symptome aus folgender Liste auftauchen: Wahnideen, Halluzinationen, negative Symptome, chaotische oder katatone Verhaltensweisen, Denkstörungen.
Unter negativen Symptome versteht man Affektverflachung, Denk- und Spracharmut, Apathie, sozialer Rückzug, verschlechterte Aufmerksamkeit und Konzentration.
Die Kombination der auftauchenden Symptome kann bei dem Einzelnen sehr unterschiedlich sein. Um eine differenzierte Diagnostik zu ermöglichen, wird zwischen Untergruppen unterschieden, z. B. paranoide (F 20.0) oder hebephrene Schizophrenie (F 20.1). Die Behandlung von Schizophrenie erfolgt in erster Linie durch Medikamente. Deren Effektivität bei der Behandlung der positiven Symptome ist unumstritten. Die negativen Symptome hingegen sind durch die Psychopharmaka-Therapie nur unzureichend zu behandeln. Man begegnet in der klinischen Arbeit häufig chronifizierten Patienten, die vor allem an manifestierten negativen Symptomen leiden, auch Residual-Sypmtomatik genannt.

Das Rehabilitationsmodell

„Gesundheit ist ein Zustand vollkommenen körperlichen, geistigen und sozialen Wohlbefindens und nicht allein das Fehlen von Krankheit und Gebrechen" (WHO 2005).

Aus der Gesundheits-Definition der World Health Organisation wird deutlich, dass es bei der Therapie nicht nur um Symptombekämpfung gehen kann. Neben der Pharmakotherapie stehen bei der Rehabilitation von schizophrenen Patienten vor allem die psychosozialen Faktoren im Mittelpunkt. Der Patient wird darin unterstützt, seine Identität und seinen sozialen Platz in der Gesellschaft zu finden. Dies geschieht u. a. durch die schrittweise Wiedereingliederung in Beruf und Wohnen. Durch Psychoedukation soll der Umgang mit und das Erkennen von Symptomen verbessert werden.

Daneben bekommt das Erlernen von Fertigkeiten wie Freizeitgestaltung, Haushaltsführung, Eigenständigkeit und sozialen und kommunikativen Fähigkeiten einen hohen Stellenwert. Die Ressourcen des Patienten sollen dabei gestärkt werden, um seine Lebensqualität und seine subjektive Befindlichkeit zu verbessern.

Musiktherapeutischer Ansatz

Aufgrund der immer kürzeren Klinikaufenthalte der Patienten und dem hohen Kostendruck durch die Krankenkassen wird Musiktherapie immer häufiger als Gruppentherapie angeboten. In den Niederlanden wurde eine Untersuchung durchgeführt (Drieschner & Pioch 2000), bei der erfahrene Musiktherapeuten, unabhängig von den zugrunde liegenden psychotherapeutischen Schulen, über ihre Arbeitsweise und Methoden interviewt wurden. Daraus ergab sich, dass die meisten bei der Behandlung von Schizophrenie aktive Musiktherapie, mit einem hohen Grad an Struktur und einem deutlichen Fokus auf die Musik und weniger auf die Reflexion von intrapsychischen Prozessen, anboten. Auf die Effektivität der Behandlung hatte vor allem die Beziehung zwischen Therapeut und Patient einen großen Einfluss, wobei das Medium Musik bei der Beziehungsgestaltung besondere Möglichkeiten bot.

Aus verschiedenen Untersuchungen (z. B. Metaanalyse von Gold; Heldal; Dahle; Wigram 2005), die die Wirksamkeit von Musiktherapie bei der Behandlung von schizophrenen Patienten nachprüften, ergab sich, dass Musiktherapie signifikant helfen kann, die negativen Symptome zu vermindern.

Die Zielsetzung liegt dabei in erster Linie im Bereich der sozialen Interaktion. Beim gemeinsamen Improvisieren muss man sich oft auf die Umgebung abstimmen und einen musikalischen Kontakt mit anderen eingehen. Darüber kann dann der Patient seine Selbst- und Fremdwahrnehmung entwickeln und verbessern. Die Musik kann den Kontakt strukturieren, so dass er für den Patienten als sicher erlebt werden kann und dadurch eine emotionale Bedeutung bekommt. Dies kann Einfluss auf die Neigung des schizophrenen Patienten haben, sich sozial zurückzuziehen.

Über die Wahrnehmungsebene und die Beziehung zwischen Musik und Emotionen kann auch der Ausdruck von Gefühlen stimuliert werden. Die Verflachung des Affekts wird dadurch vermindert. Einen Effekt auf Apathie hat womöglich die sensomotorisch stimulierende Qualität der Musik, oft sogar schon der Aufforderungscharakter der Instrumente.
Die Teilnahme an der Musiktherapie wird durch die Patienten häufig als sehr positiv erlebt. Dadurch verbessert sich das Wohlbefinden des Patienten und damit auch die Lebensqualität.

Falldarstellung

Zunächst möchte ich hier kurz auf das Analoge-Prozessmodell von Henk Smeijsters (2003) eingehen. Dieses Modell bildet die Grundlage für die methodische Herangehensweise bei dieser Falldarstellung.
Von Analogie ist in der Musiktherapie die Rede, wenn in den musikalischen Prozessen psychische Prozesse zum Ausdruck kommen. Dies hat sowohl diagnostische als auch therapeutische Relevanz. Wenn die Symptome des Patienten in der Musik oder in der musikalischen Interaktion wahrgenommen werden können, dann spricht man von einer Analogie zwischen pathologischen und musikalischen Prozessen. Dies ist eine wichtige Voraussetzung für die Indikation von Musiktherapie.
Therapeutische Prozesse beschreiben die angestrebten Veränderungen, z. B. die Linderung der Symptome. Wenn nun diese therapeutischen Prozesse mit Hilfe von musikalischen Prozessen beeinflusst werden können, dann kann man Aussagen über die mögliche Effektivität der Behandlung mit Musiktherapie machen.
Dies ist die Fragestellung für diese Untersuchung:
Lassen sich Analogien zwischen pathologischen/therapeutischen und musikalischen Prozessen feststellen und welche Aussagen über den Effekt der Behandlung lassen sich daraus ableiten?
Anhand der Improvisationstechniken (im Text *kursiv* gedruckt) von Bruscia (1987) wird beschrieben, welche Techniken in den einzelnen Situationen verwendet wurden, um Prozesse in Gang zu bringen.

Ausgangslage

Die Fallstudie ist Teil einer explorativen Studie über einen Zeitraum von sieben Wochen. Sie wurde auf einer Schizophrenie-Rehabilitationsstation in den Rheinischen Kliniken Essen durchgeführt. Das auf diesen Stationen übliche Therapie-Angebot umfasst auch Musiktherapie, die zwei Mal wöchentlich stattfindet. Im Durchschnitt beträgt die Behandlungsdauer ca. acht bis zehn Wochen.
An der Musiktherapie-Gruppe für diese Untersuchung nahmen fünf Patienten teil.

Vor der ersten Teilnahme an der Gruppe bekam jeder Patient eine individuelle Einführung in die Musiktherapie.
Zu Beginn wurden drei Messtermine festgelegt (erste, siebte und zwölfte Session), an denen die musikalischen Improvisationen mit Videoaufnahmen festgehalten werden sollten. Aufgrund von äußeren Faktoren ergab es sich, dass nur zwei Patienten an allen drei Messterminen anwesend waren. Auf diese zwei Patienten richtet sich hauptsächlich das Augenmerk.
Die Videoaufnahmen wurden durch eine Ratergruppe von acht Ratern (Musiktherapie-Studenten und eine Psychologin) beurteilt, um eine Intersubjektivität zu erlangen.
Die Ratergruppe notierte erst ihre subjektiven Eindrücke, die mit Hilfe des qualitativen Untersuchungsmodells (Smeijsters 2003, 372–380) ausgewertet wurden. Um eine quantitative Einschätzung zu ermöglichen, füllten die Rater anschließend eine bearbeitete Version der Musiktherapeutischen Ausdrucks- und Kommunikationsskala (von Moreau 1996) aus. Um einen Eindruck darüber zu bekommen, wie die Patienten selbst die Musiktherapie erlebt haben, füllten sie am Ende der Behandlung einen Selbstbeurteilungsbogen aus (Reker 1991).

Patientenbeschreibung

Herr Schneider (29 J., Student) wohnte lange Zeit in einem Studentenwohnheim, bevor er in die psychiatrische Klinik aufgenommen wurde. Aufgrund seiner sich entwickelnden Erkrankung isolierte er sich zunehmend von seinen Mitbewohnern und ging auch nicht mehr zu den Vorlesungen. Dies blieb lange Zeit unbemerkt, bis seine Kommilitonen aufgrund seines sonderbaren Verhaltens seine Familie in Kenntnis setzten, die wiederum den Hausarzt einschaltete. Nach einem gemeinsamen Gespräch stimmte Herr Schneider einer stationären Behandlung auf der Rehabilitationsstation zu. Es war seine erste psychiatrische Behandlung. Auch auf der Station zog er sich meistens auf sein Zimmer zurück. Er nahm am Therapieprogramm teil, ging aber allen Kontakten mit Mitpatienten und Mitarbeitern aus dem Weg. Auf Ansprache reagierte er einsilbig mit leiser Stimme. Er zeigte vor allem negative Symptome: Affektverflachung, Apathie, Spracharmut, sozialer Rückzug. Diagnose: Paranoide Schizophrenie (F 20.0).
Die Idee zur Musiktherapie entstand vor allem durch die Hilflosigkeit der behandelnden Ärzte und Bezugspflegenden, die kaum Kontakt mit ihm bekommen konnten. Mit Hilfe der Musiktherapie sollte auf nonverbaler Ebene ein Zugang zu ihm ermöglicht werden, um die Isolation zu seiner Umgebung zu reduzieren.
Die Zielsetzung der Musiktherapie lag im Vermindern der Negativ-Symptomatik und in der Ermöglichung von neuen, positiven Erfahrungen mit sozialen Kontakten, die für ihn sicher und kontrollierbar waren. Er wurde drei Wochen nach Aufnahme in die Musiktherapie überwiesen, woran er insgesamt sieben Wochen teilnahm. Drei Mal fehlte er entschuldigt, so dass er an zehn Sitzungen anwesend war.

Auch für Herrn Hoffmann (18 J., Azubi) war es der erste Aufenthalt in einer psychiatrischen Klinik. Bei ihm war die Diagnose paranoide Schizophrenie (F 20.0) eindeutig: Im Vordergrund standen ausgeprägte positive Symptome wie akustische Halluzinationen und Wahnideen. Auch durch massive Anwendung von Psychopharmaka waren diese Symptome nicht vollständig in den Griff zu bekommen. Er war leicht irritierbar und reagierte dann verunsichert oder verbal agressiv. Er selbst sagte, dass er vor allem darunter leide, dass er sich nicht mehr so gut konzentrieren könne. Der Behandlung gegenüber zeigte er sich sehr positiv und kooperativ eingestellt. Man sah ihn oft in guter Laune und auch offen für Kontakt. Er äußerte selbst den Wunsch, an der Musiktherapie teilnehmen zu wollen, was aber zunächst aufgrund seiner lange anwesenden Positiv-Symptomatik kontraindiziert war. Darum dauerte es drei Monate, bis er zur Musiktherapie angemeldet wurde. Insgesamt wurde er über ein halbes Jahr auf der Station behandelt mit einer Urlaubspause von zwei Wochen.
Neben seiner Eigenmotivation war vor allem seine Irritierbarkeit durch unvorhersehbare Situationen der Grund, ihn in die Musiktherapie zu schicken. Durch die strukturierenden Eigenschaften der Musik hoffte man, bei ihm eine affektive Stabilisierung zu erreichen und dort den Umgang mit Irritationen und agressiven Impulsen zu üben.
Ein weiteres Ziel war die Verbesserung seiner Lebensqualität durch positive Erlebnisse in der Gruppe. Er nahm während der Untersuchungsphase an zwölf Sitzungen teil und fehlte nur ein Mal entschuldigt.

1. Session

Bei der ersten Session sind alle fünf überwiesenen Patienten anwesend. Herr Schneider spielt auf der Marimba, Herr Hoffmann wählt die Djembé, die anderen spielen auf Conga, Pauke mit Becken und Steel-Drum.
Aus diagnostischen Gründen und wegen den verschiedenen Interventionsmöglichkeiten biete ich hier eine freie Improvisation an. Aus den subjektiven Eindrücken der Ratergruppe bildeten sich folgende Schwerpunkte heraus:

Form:
- wenig Struktur
- später kommt mehr Rhythmus ins Spiel
- Therapeut versucht, Struktur ins Spiel zu bringen

Interaktion:
- kein Kontakt unter den Patienten, jeder spielt für sich
- später wird probiert, dem Therapeuten zu folgen

Atmosphäre:
- chaotisches Spiel

Das Spiel beginnt sofort kräftig und energiegeladen. Jeder ist mit der Aufmerksamkeit bei seinem Instrument. Meine intuitive Reaktion auf das Spiel der Gruppe ist, ihr dynamisches Niveau aufzugreifen und zu stützen (*Pacing*). Im Verlauf der Improvisation fällt mir auf, dass die meisten Spieler motiviert dabei sind. Nur das Spiel von Herrn Hoffmann macht einen holprigen Eindruck auf mich und sein Blick fixiert meine Hände. Ich interpretiere aus seinem Verhalten, dass er bei meinem Spiel Halt und Orientierung sucht. Durch *Wiederholung* und *Einfügung* biete ich ihm die Gelegenheit für eine Interaktion, die er auch annimmt. Diese Interaktion verläuft zwar noch nicht gänzlich rund, zieht aber die Aufmerksamkeit der anderen Spieler auf sich. Durch den Impuls von Herrn Hoffmann entsteht nun zum ersten Mal ein gemeinsamer Rhythmus, der sich zu einem Crescendo entwickelt, an dem die ganze Gruppe, mit Ausnahme von Herrn Schneider, mitwirkt. Dieser spielt ganz und gar für sich und schaut die meiste Zeit nur auf sein Instrument. Sein Spiel und seine Mimik zeigen keinerlei Ausdruck.
Er spielt auf der Marimba folgendes Thema, was er auf stereotype Art und Weise wiederholt.

Musikbeispiel 1:

Herr S.
Marimba

Dieses Spielverhalten verhält sich analog zu seinem pathologischen Verhalten auf der Station: Er zieht sich zurück, vermeidet Kontakt und zeigt keinerlei Affekte. Dabei fällt vor allem seine stereotype Spielweise auf. Diese hat häufig eine Ordnungs- und Kontrollfunktion. Er kreiert sich eine subjektive Welt, die er selbst kontrollieren und beherrschen kann, um sich vor einer Reizüberflutung aus der Umgebung zu schützen. Das verschafft ihm die für ihn notwendige Sicherheit.
Im Verlauf der Behandlung versuche ich, ihm dauerhaft einen musikalisch strukturierten Raum anzubieten, worin er die für ihn notwendige Sicherheit erleben und sich von seinem stereotypen Spiel lösen kann. Gleichzeitig soll er die Kontrolle über sein Spiel behalten dürfen. Darum bleibt mein Spiel ein Angebot, und er kann selbst bestimmen, zu welchem Zeitpunkt er den Schritt aus seiner Isolation machen und in einen musikalischen Kontakt treten möchte. In diesem Setting wird es ihm ermöglicht, selbst Abstand und Nähe zu regulieren. Dazu muss der Therapeut konstant anwesend und für ihn deutlich wahrnehmbar sein.
Hier wird deutlich, dass für beide Patienten trotz der unterschiedlichen Ausgangslage ein strukturierendes Angebot indiziert ist: Für Herrn Hoffmann, um dadurch Orientierung und Stabilisierung zu erfahren, und für Herrn Schneider, um dadurch die Möglichkeit zu bekommen, den Schritt aus seinem „Schneckenhaus“ zu wagen.

Im weiteren Therapieverlauf biete ich innerhalb der freien Improvisation deutliche Strukturen (*rhythmische Basis, tonales Zentrum, Shaping*), aber auch strukturierende Spielformen (z. B. Solo-Tutti) an, die im abgesicherten Rahmen eine musikalische Interaktion ermöglichen und die trotzdem dem Patienten seine Autonomie lassen.

7. Session

Beim zweiten Videofragment aus der siebten Session sind nur drei Patienten erschienen. Herr Hoffmann wählt die Pauke mit Becken, Herr Schneider die Conga und die dritte Patientin die Steel-Drum. Die ausgesuchte Spielform ist wieder die freie Improvisation. Zunächst erneut die Schwerpunkte der Raterbeobachtungen:

Form:
- Monotoner Puls
- Es tauchen stets kleine Veränderungen auf
- Therapeut bietet Struktur an, ist deutlich anwesend

Interaktion:
- Kontakt und Reaktionen der Patienten, auch untereinander
- Es wird aufeinander gehört, ein Zusammenspiel entsteht

Atmosphäre:
- Ruhige, warme und entspannte Atmosphäre
- Spiel plätschert langsam vor sich hin

Ich selbst spiele auf der Marimba folgende Melodie mit einer deutlichen rhythmischen Basis:

Musikbeispiel 2:

Therapeut
Marimba

Trotz des langsamen Tempos bleibt die Melodie durch die Hopserfigur lebendig. Auf dem Video ist gut zu sehen, wie sich das Spielverhalten von Herrn Schneider verändert hat. Zu Beginn spielt er wieder wie gewohnt nur für sich mit Aufmerksamkeit auf sein Instrument. Während des Spiels greift er jedoch den Rhythmus der Gruppe auf. Dies geschieht in einem Moment, wo ich mich als Therapeut zurücknehme (*Raum schaffen*), um den Patienten die Möglichkeit zu eröffnen, die Initiative zu ergreifen.

Als das Spiel sich dynamisch verändert, wird auch sein Spiel lauter und schneller, und er hat erheblichen Einfluss an dem darauf folgenden Crescendo der ganzen Gruppe.
Am Beispiel des Crescendo kann die Bedeutung der positiven Verstärkung in der Improvisation erläutert werden. Das Crescendo hat nicht nur eine hervorlockende Funktion, wenn es durch den Therapeuten initiiert wird. Von weit größerer Bedeutung ist es, wenn durch den Impuls des Patienten eine Veränderung in Gang kommt und die Patienten darauf reagieren.
Auf dem Videoband ist gut zu sehen, wie Herr Schneider nicht nur reagiert, sondern auch selbst Einfluss auf den Gruppenprozess ausübt. Dieses Verhalten wird durch die Reaktionen des Therapeuten und der anderen Gruppenmitglieder positiv verstärkt. Dies führt bei Herrn Schneider dazu, dass er sowohl zum Therapeuten schaut, als auch in seiner Mimik eine deutliche Regung erkennbar werden lässt.
Diese Veränderungen in seinem Kontaktverhalten und in seinem Ausdruck sind therapeutische Prozesse, die auf eine Verminderung der Negativ-Symptomatik hinweisen, also eine Verbesserung in die therapeutisch gewünschte Richtung sind.

Herr Hoffmann ist in dieser Session wie in der ersten Session offen für Kontakt. Der langsame Hopser-Rhythmus entstand in Abstimmung zwischen ihm und mir. Sein Spiel ist deutlich gleichmäßiger und stabiler als in der ersten Session. Die rhythmische Struktur in der Musik hat ihm offensichtlich geholfen, sein eigenes Spiel zu ordnen. Dass dieser Prozess auch in seiner inneren Wahrnehmung stattfindet, zeigt sich auch dadurch, dass er in seinem Spiel mehr Variationen verwendet, zwischen den einzelnen Instrumenten wechselt, Pausen macht und zuhört, um dann wieder in die Musik einzusteigen. Auch an dem oben beschriebenen Crescendo war er mit seinen positiven Impulsen beteiligt. Ferner fällt auf, dass er sich zwar noch durch undeutliche Situationen irritieren lässt, diese aber versucht aktiv zu bewältigen. Wenn z. B. am Ende einer Improvisation eine längere Pause entsteht, beginnt er mit Klatschen, um das Ende des Stückes hör- und fühlbar zu machen.

12. Session

Beim dritten Videofragment, dass die zwölfte Session zeigt, waren nur Herr Schneider (Conga) und Herr Hoffmann (Marimba) beteiligt. Die drei anderen Patienten wurden wenige Tage zuvor entlassen.
Die Spielform ist dieses Mal ein Solo-Tutti-Spiel. Die Aufgabe für die Patienten besteht darin, dass sie selbst signalisieren, wann sie ihr Solo spielen wollen. In ihren Solo-Phasen können die Patienten mehr ihre eigene Art zu spielen zeigen, was dann wieder Einfluss auf die folgende Tutti-Phase haben kann.
Dies geht auch aus den Raterbeobachtungen hervor:

Form:
- Das Spiel ist dynamisch, energiereich und variabel

Interaktion:
- Viel Kontakt und Bezogenheit der Spieler, auch viel Augenkontakt
- Die Patienten zeigen eigene Beiträge und Ideen

Atmosphäre:
- Angenehme und entspannte Atmosphäre
- Deutlicher Ausdruck in der Musik:
- fröhlich, lebendig, bewegt

Insbesondere auf das Spiel von Herrn Schneider treffen diese Aussagen zu. Er ist nun besser in der Lage, auf seine Umgebung zu reagieren, ohne sich selbst zu verlieren. Er spielt dynamisch und ist auf der Aufnahme deutlich wahrnehmbar. Beim Spiel betont er den Taktschwerpunkt auf der „eins“. Außerdem macht er größere körperliche Bewegungen, vor allem mit den Armen. Sein Kontakt mit der Gruppe wird wieder bei einem Crescendo deutlich, wo er den Schlussschlag mit der Conga setzt.
In Bezug auf die Zielsetzung zeigt er, resultierend aus der regelmäßig im geschützten Rahmen stattfindenden Musiktherapie, deutliche Verbesserungen im Kontaktverhalten und im Ausdruck. Dort erfährt er Bestätigung durch die Musik und durch die anderen Spieler (Patienten+Therapeut).
Auch sprachlich ist eine Veränderungen in der Interaktion wahrnehmbar.
Er spricht zwar noch immer wenig, aber mit deutlichem Bezug auf die jeweilige Situation. Auf die Frage, wie er das Spiel erlebt hat, antwortet er z. B.: „Ich habe doch schon alles in der Musik gesagt!“ Und als ich ankündige, bei dieser Session die Djembé spielen zu wollen, entgegnet er von sich aus, dass die Djembé seiner Conga vom Klang zu ähnlich sei und ich deshalb dieses Instrument nicht wählen könne. Ich drohe mit meiner Instrumentenwahl, zu dicht an ihn heranzukommen. Hier gibt er deutlich eine Grenze an. Er tut dies verbal auf einer aktiven Art und Weise und reagiert nicht mit Rückzug, wie er es vielleicht in einer früheren Phase getan hätte.
Das Spiel von Herrn Hoffmann ist durchweg dynamisch und variabel. Er verändert sogar sein Tempo, ohne seinen Grundrhythmus zu verlieren. Verblüffend ist hier, dass er in seinem Spiel interessante Melodien erfindet, z. B. diese, direkt nach dem Solo von Herrn Schneider:

Musikbeispiel 3:

Er spielt zwei Phrasen („Thema und Variation"), die sich durch folgende Merkmale auszeichnen:

- die Länge von 14 Tönen (inklusive Auftakt und Schluss auf der „eins")
- eine durchgehende rhythmische Figur
- Melodieführung (Auf- und Abbewegung mit Hinführung zum Höhepunkt)

Als er diese beendet hat, schaut er gespannt zu mir, wie ich wohl auf seine Komposition reagiere. Im weiteren Verlauf verwendet er Elemente dieser Phrasen für weitere Variationen.
In Bezug auf die musikalische Form ist hier eine deutliche Veränderung seit der ersten Session zu erkennen. Während er sich zu Anfang der Therapie vor allem an meinem Spiel orientierte, entwickelt er hier seine eigene Spielweise, gekennzeichnet durch Form, Rhythmus, Phrasierung und Autonomie.
Diese musikalischen Strukturen verweisen auf seinen stabilisierten Zustand, seine entwickelte Wahrnehmung und die Art und Weise, wie er mit seiner Umgebung in Interaktion steht. Auch auf der Station fälllt auf, dass er wesentlich belastbarer geworden ist, sich weniger irritieren läßt und dass sich auch seine Konzentrationsfähigkeit gesteigert hat, so dass er auch längere Belastungserprobungen besser durchhalten kann.
Die Diskussion über die Ergebnisse aus dem MAKS und dem Reker-Bogen würde an dieser Stelle zu weit führen, man kann aber sagen, dass diese positiven Entwicklungen dadurch großteils bestätigt werden.

Schlusswort

Ich habe bei der Falldarstellung versucht, auftretende Analogien zwischen den musikalischen und therapeutischen Prozessen aufzuzeigen. Ob das Verhalten der Patienten in der Improvisation nur deren aktuelle Verfassung widerspiegelt oder ob die Veränderungsprozesse tatsächlich durch die Musiktherapie bewirkt wurden, lässt sich zwar anhand der musiktherapeutischen Methoden und Wirkfaktoren erklären, aber ohne Kontrollgruppe nicht belegen. Allgemeingültige Aussagen hinsichtlich der Effektivität von Musiktherapie bei Schizophrenie können eher quantitative Untersuchungen treffen. Vielleicht ist für die Akzeptanz der Musiktherapie in einer „evidence-based" – Zukunft eine Mischung aus qualitativen und quantitativen Studien, die einander sinnvoll ergänzen, ein möglicher Weg.

Musikalische Form und Psychose
Eine klinische Forschung

Jos De Backer

Einleitung

Der Fokus dieser Forschung liegt auf dem musikalischen und therapeutischen Prozess in der Arbeit mit psychotischen Patienten. Von Anfang an interessierte mich die Art und Weise, wie psychotische Patienten auf rezeptive und aktive musikalische Phänomene reagieren. Während ich darüber reflektierte, entstanden in mir viele Fragen, die meine Art des Nachdenkens und des Umgangs mit dieser Studie beeinflussten. Dies betraf die Betrachtung der Rolle der Musik in der Behandlung psychotischer Patienten, den Charakter der Interaktion zwischen Therapeut, Musik und Patient und wie sich die Beschäftigung mit Musik im Laufe der Zeit verändert.

Andere Fragen hingen damit zusammen, wie die Veränderung der musikalischen Aktion und Interaktion des Patienten mit einer Änderung ihrer Wahrnehmung und Einsicht korrespondiert – und wie alle diese Aspekte den Verlauf der musiktherapeutischen Behandlung bestimmen.

Im Verlauf der musiktherapeutischen Behandlung psychotischer Patienten erlebt man manchmal ganz bestimmte gleiche, sich wiederholende und konstante musikalische Muster. Psychotische Patienten neigen dazu, ihre Erfahrungen und Konflikte in musikalischen Improvisationen auszudrücken, die charakterisiert sind von „fragmentiertem" Spielen oder konstantem Wiederholen von Rhythmen oder kurzen melodischen Sequenzen.

Aus der klinischen Supervision und einer Übersicht relevanter psychoanalytischer und psychotherapeutischer Literatur, besonders der von Bion (1956, 1957, 1967), Dührsen (1999), Freud (1911, 1925), Ogden (1992, 1994, 1997), Tustin (1981, 1986, 1990), Van Bouwel (1998, 1999 a, 1999 b, 2003) Van Camp (1999 a, 2000, 2001, 2003 a) und Winnicott (1960, 1971) wurde für mich klar, dass man diese Art des Spielens (mit repetitiven Rhythmen und melodischen Fragmenten) als den Ausdruck eines psychotischen „sensoriellen Spielens" verstehen kann. Aus der Literaturübersicht geht hervor, dass es relative wenig Publikationen zum Thema Musiktherapie und Psychose gibt. Das, was über die Wirkung und den Wert von Musiktherapie für psychotische Menschen veröffentlicht wurde, übermittelt meistens keine relevante oder detaillierte Analyse des musikalischen Materials, das möglicherweise eine Interpretation des Verhaltens (und Verhaltensänderung) mit spezifischen Ereignissen in der Musik verbinden könnte – weder im Solospiel des Patienten noch im Zusammenspiel mit dem Therapeuten. Es gab keine Analyse der Unterschiede zwischen einem Spiel, in dem der Patient den Therapeuten nicht beachtet oder nicht in Kontakt mit ihm ist, und einem Spiel, in dem musikalische Entwicklungen eine geteilte oder verbundene Erfahrung anzeigten.

Zur Motivation für diese Studie wurde die Notwendigkeit, dies zu explorieren und einige grundlegende Analysen und mögliche Erklärungen für diesen Prozess anzubieten.
Diese Forschung zur Relevanz von Musiktherapie für Patienten mit psychotischen Störungen erklärt die Art und Weise, wie eine bestimmte „Form“ und eine begrenzte Qualität entwickelt und begründet werden kann, die die Desintegration und Zeitlosigkeit der psychotischen Welt beeinflusst.

Aspekte musikalischer Erfahrungen sind für diese Forschung deshalb von großer Bedeutung, weil sie zeigen, dass Musiktherapie einen wichtigen Platz in der Behandlung und als Intervention für psychotische Menschen hat.
Für diese Forschung wurden zwei Fälle gewählt. Bei beiden zeigen sich klar identifizierbare musikalische Charakteristika, die auch bei anderen psychotischen Patienten beobachtet werden, besonders das endlos repetetive Spiel bestimmter Rhythmen oder melodischer Sequenzen oder das fragmentierte musikalische Spiel.
Wegen ihres praxisorientierten Charakters bedient sich diese Studie des Einzelfall-Designs. Die Fall-Studien wurden mit Hilfe von Tonband und Video aufgezeichnet und in Form einer klinischen Forschungsintervision analysiert. Analyse und Interpretation erfolgten aus psychoanalytischer musiktherapeutischer Perspektive. Dieser psychologische Rahmen wurde aus dem Grund gewählt, weil er innerhalb der Psychoseforschung entwickelt wurde und deshalb von zentraler Bedeutung für die Forschungsintervision und die Interpretation des Musiktherapeuten ist. Außerdem wurden die spezifischen Veränderungen innerhalb der musikalischen Parameter untersucht und ausgewählt; zudem half dies zum Verständnis sowohl der musikalischen und als auch der psychischen Prozesse. Dieses Vorgehen machte es notwendig, dass an dieser Studie nicht nur ein Musiktherapeut, sondern auch ein Psychoanalytiker und ein Komponist beteiligt waren.
Ein Merkmal dieser Studie ist, dass die Forschung immer von einer klinischen Perspektive ausging und dass das Forschungsdesign eher als Respons auf die Patienten entwickelt wurde als darauf, dass diese sich an ein vorher festgelegtes Design anpassen mussten. Denn es war notwendig, sich an den einzigartigen Charakteristika der klinischen Situation zu orientieren, um daraus eine angemessene Theorie formulieren zu können.
Diese Forschung war ursprünglich aus dem klinischen Material entstanden, ohne sich auf eine festgelegte theoretische Annahme zu beziehen oder davon auszugehen. Deshalb verweist die Analyse der Daten nicht auf therapeutische Phänomene wie projektive Identifikation, Containment, Holding, Spaltung etc., sondern sie erwuchs aus der musiktherapeutischen Praxis selbst. Ich war im Verlauf dieses Prozesses nicht nur auf das Ergebnis fokussiert, sondern ich stellte immer den musikalischen und den therapeutischen Prozess ins Zentrum und handelte als neutraler Beobachter. Auf diese Weise versuchte ich das zu bestimmen, was wesentlich war, was man beobachten, erleben und in der Forschung verwenden konnte. In diesem Sinn kann man von einer klinisch angewandten Studie sprechen (*clinically applied research*) (Wigram 2001).

Ein unerwartetes und wichtiges Ergebnis der Studie war die Identifikation von „Momenten von Synchronisation". Aus der Analyse geht hervor, dass diese Phase ganz wesentlich für den therapeutischen Prozess ist. Die unterschiedlichen therapeutischen Interventionen erleichtern, beeinflussen und bieten Möglichkeiten an, durch die dieser Prozess stattfinden kann.

Die zentrale Forschungsfrage und die Unterfragen dieser Forschung ergeben die Struktur einer systematischen Zusammenfassung der Ergebnisse, die im Folgenden beschrieben wird.

Die zentrale Forschungsfrage:

Kann man die Entwicklung eines Prozesses vom sensoriellen Spiel zur musikalischen Form als einen zentralen Aspekt der musiktherapeutischen Behandlung psychotischer Patienten bestimmen?

Die Ergebnisse zeigen einen musiktherapeutischen Prozess, vom sensoriellen Spiel ausgehend über Momente von Synchronisation hin zur musikalischen Form. Ausgehend von der Literatur können wir das sensorielle Spiel beschreiben als eine für den psychotischen Patienten bedeutsame Art des Musizierens. Psychotische Patienten zeigen in ihrer Pathologie, dass sie unfähig sind, einen psychischen Raum zu schaffen, dem sie ein musikalisches Objekt zueignen und diesem einen symbolischen Wert zuschreiben (Bion 1967; Freud 1911; Lacan 1981; Ogden 1986; Van Bouwel 1998; Van Camp 2001). Diese Unfähigkeit drückt sich in endlosem wiederholtem und monotonem Spiel aus oder in einem fragmentierten Spiel, das der psychotische Patient nicht als von ihm ausgehend oder zu ihm gehörig erlebt. Das heißt, dass der psychotische Patient, wenn er Musik spielt, sein eigenes Spielen nicht erkennen kann.

Diese Studie zeigt, dass Musiktherapie dem psychotischen Patienten eine Gelegenheit bieten kann, sich einen besonderen psychischen Raum und dadurch die Möglichkeit, sich einen gewissen Grad potentieller Symbolisation zu schaffen.
Um dies genauer zu beschreiben, waren Unterfragen zu den später beschriebenen Ergebnissen zu formulieren.
Es handelt sich um folgende Unterfragen:

- Wie kann man sensorielles Spiel beschreiben und definieren?
- Wie kann man die musikalische Form beschreiben und definieren?
- Wie kann man Elemente beschreiben und identifizieren, die man braucht, um diesen Prozess zu verstehen und zu erklären?
- Wie wird das sensorielle Spiel zur musikalischen Form?
- Wie kann man die wichtigen musiktherapeutischen Momente (z. B. Veränderungen) in diesem Prozess beschreiben und vergleichen?

– Welche musiktherapeutischen Interventionen tragen dazu bei, dass sich eine musikalische Form entwickeln kann?

Wie kann man sensorielles Spiel definieren und beschreiben?

Aus den Ergebnissen der beiden Fallstudien kam ich zu folgender Definition und Kategorisierung des sensoriellen Spiels:

Sensorielles Spiel

Der Begriff sensorielles Spiel bezeichnet das charakteristische Spiel eines Patienten, der während des Spielens nicht in der Lage ist, sich mit den Tönen zu verbinden oder sie als von sich selbst produziert zu erleben. Die Musik des Patienten ist charakterisiert durch ständiges Sich-Wiederholen und/oder Fragmentierung. Die Improvisation hat weder einen Anfang noch ein Ende, es gibt keine klare melodische, rhythmische oder harmonische Entwicklung, keine Variationen, keine Rekapitulation. Der Patient ist in seiner Aufmerksamkeit und Emotionalität getrennt von seiner eigenen Musik.

Weitere Erklärungen:

Deshalb ist das Improvisieren für den Patienten keine wirkliche Erfahrung. Er ist durch die Musik weder angeregt noch berührt, er bleibt unverbunden mit den Tönen, die er spielt. Es gibt kein gemeinsames Spielen oder Intersubjektivität mit dem Therapeuten, weil sich der Patient nicht auf die gemeinsame Musik einlässt. Die Töne bleiben außerhalb des Patienten, sie haben keine Verbindung zu ihm. Bezogen auf die Psychopathologie des psychotischen Patienten kann man sagen, dass er nicht in der Lage ist, einen psychischen Raum zu schaffen, der Symbolisierung ermöglicht, deshalb ist es ihm unmöglich, das musikalische Material zu nutzen. Der Musiktherapeut erlebt den Patienten als isoliert. Er wird vollkommen gefangen in der Musik des Patienten (z. B. seinem musikalischen Verhalten) und ist nicht frei, seine eigenen musikalischen Vorstellungen einzubringen. Deshalb gibt es weder Interaktion noch die Möglichkeit, im Zusammenspiel einen gemeinsamen Klang zu schaffen.
Die folgende Tabelle zeigt die Haupteigenschaften des sensoriellen Spiels, aufgelistet in Kategorien – einige, nicht alle Items finden sich in der Analyse improvisierter Musik wieder.

Tabelle 1: Kriterien des sensoriellen Spiels:

Form:

1. Es gibt keine mentale Vorbereitung (die durch die Präsenz eines inneren Klangs erspürt wird) auf einen musikalischen Anfang oder ein Ende. Dies zeigt sich in der Musik durch endloses Spiel oder durch eine abrupte Beendigung.
2. Eine musikalische Entwicklung findet nicht statt. Der Inhalt und der Stil der Musik sind wiederholend, unveränderlich und/oder fragmentiert.
3. Die Struktur ist begrenzt und starr mit einem Mangel an dynamischer Variabilität.
4. Die einzelnen Töne und Melodien und/oder rhythmischen Fragmente beziehen sich nicht aufeinander.

Musikalische Aspekte:

1. Wahlloses Spielen (tonal und atonal)
2. Sich-wiederholendes und/oder fragmentiertes Spiel
3. Bedeutender Mangel an Phrasierung
4. Bedeutender Mangel an Dynamik
5. Bedeutender Mangel an Variation
6. Ein Fehlen von Pausen in der Musik

Psychologische Aspekte:

1. Ein Fehlen von Verbundenheit des Patienten mit den Klängen und der Musik, die er produziert.
2. Das Unvermögen einen psychischen Raum zu schaffen.
3. Der Patient ist isoliert.
4. Der Patient initiiert keine Interaktion.
5. Der Patient kann nicht abschließen oder die Klänge nachwirken (nach-resonieren) lassen.

Aspekte der Körperhaltung:

1. Der Körper kann nicht durch den Rhythmus in Bewegung gebracht werden.
2. Eingeschränkter Blickkontakt
3. Fehlen von angemessenem mimischem Ausdruck.

Aspekte des inter-personalen/intra-personalen Erlebens aus der Sicht des Musiktherapeuten:

1. Der Therapeut fühlt sich vollkommen in der Musik des Patienten gefangen.
2. Der Therapeut erfährt keinen Kontakt oder Resonanz zu dem Patienten oder dem musikalischen Spiel.
3. Der Therapeut kann den Klang nicht auf das Spiel des Patienten abstimmen.
4. Der Therapeut erlebt das Spiel des Patienten als endlos und leer.
5. Es fehlt die Reaktion auf die Aufforderung des Therapeuten zur Interaktion.
6. Der Therapeut erfährt, dass er beim Patienten als Subjekt nicht anerkannt wird.
7. Die Intersubjektivität ist nicht vorhanden.

Das sensorielle Spiel: Fall 1

Wie kann man musikalische Form beschreiben und definieren?

Aus den Ergebnissen der zwei Fallstudien kam ich zu folgender Definition und Kategorisierung der musikalischen Form:

Musikalische Form im musiktherapeutischen Kontext

Der Begriff musikalische Form (musical form) beschreibt eine musikalische Struktur, die während des Prozesses der Symbolisierung geschaffen wird – der sich wiederum auf der Grundlage von Momenten von Synchronizität entwickelt. Dabei tauchen klare rhythmische und melodische Themen auf, die im weiteren Verlauf exploriert und variiert werden können. Die musikalischen Figuren können Phrasen und Pausen enthalten. Ein typisches Merkmal von musikalischen Improvisationen ist, dass sie einen Anfang und ein Ende haben, die von beiden, dem Patienten und dem Therapeuten mental vorbereitet worden sind. Dies ist immer ein intersubjektives Phänomen zwischen Patient und Therapeut: Sie erleben, dass sie einander gleich sind und sich dabei frei und autonom fühlen, miteinander zu spielen, zu denken, zu existieren und ihre eigenen Bilder und Gedanken zu entwickeln. Es ist ein Verflechten der Klangfarben beider Spieler.

Weitere Erklärung:

Während dieses Prozesses werden die Klänge, die in der musikalischen Improvisation entstehen, von etwas dem Subjekt Unbekannten geleitet. Die Musik schwingt mit einer inneren Aufmerksamkeit auf etwas, das nicht mehr als etwas Außenstehendes oder Unverbundenes erlebt wird.
Die folgende Tabelle zeigt die Haupteigenschaften der Musikalischen Form, aufgelistet in definierten Kategorien – einige, nicht alle Items finden sich in der Analyse improvisierter Musik wieder.

Tabelle 2: Kriterien der musikalischen Form:

Form:

1. Das Spiel beginnt mit einem „mental vorbereiteten inneren Klang oder Stille".
2. Der Patient ist in der Lage, die Improvisation unabhängig mit einem Nachklingen-Lassen zu beenden.
3. Pausen sind ein wichtiger Aspekt, um das Spiel zu strukturieren.
4. Der Patient kann musikalische Parameter in einer stabilen Art und Weise verinnerlichen und nutzen.
5. Es gibt eine klare musikalische Entwicklung in der Improvisation.
6. Eine innere Struktur ist vorhanden.

Musikalische Aspekte:

1. Puls und Phrasierung sind vorhanden.
2. Rhythmus und melodische Motive sind verfügbar.
3. Dynamische Variabilität im Spiel ist da.
4. Die Melodie ist in eine harmonische Struktur eingebettet.
5. Dem Patienten ist es möglich, musikalische Fragmente zu variieren und wiedereinzuführen.
6. Einzelne Töne und melodische und/oder rhythmische Fragmente beziehen sich aufeinander.
7. Es gibt eine Verflochtenheit zwischen den Klangfarben der beiden Spieler.

Psychische Aspekte:

1. Der Patient ist in der Lage, sich sein eigenes musikalisches Spiel anzueignen und anzuerkennen.
2. Es ist dem Patienten möglich, selbstständig zu spielen.
3. Psychischer Raum ist im Patienten präsent.
4. Der Patient entwickelt musikalische Bilder.
5. Der Patient kann seine inneren Erfahrungen verbalisieren.
6. Der Patient ist nicht länger isoliert.
7. Der Patient kann die Position der Diskant-Linie übernehmen.

Aspekte der Körperhaltung:

1. Die Körperbewegungen reflektieren das Spiel.
2. Die Mimik des Patienten spiegelt seine Erfahrungen wider.

Aspekte des inter-personalen/ intra-personalen Erlebens aus der Sicht des Musiktherapeuten:

1. Der Patient ist im Spiel involviert und lässt den Therapeuten in seinem Spiel zu.
2. Initiierungen kommen vom Patienten.
3. Zwischen dem Patienten und dem Therapeuten gibt es Interaktivität.
4. Der Patient und der Therapeut sind autonom.
5. Der Patient ist in Resonanz mit sich und mit dem Therapeuten.
6. Der Therapeut kann die Position der Basslinie übernehmen.
7. Der Therapeut ist als Subjekt gegenwärtig.
8. Intersubjektivität ist vorhanden.

Musikalische Form: Fall 1

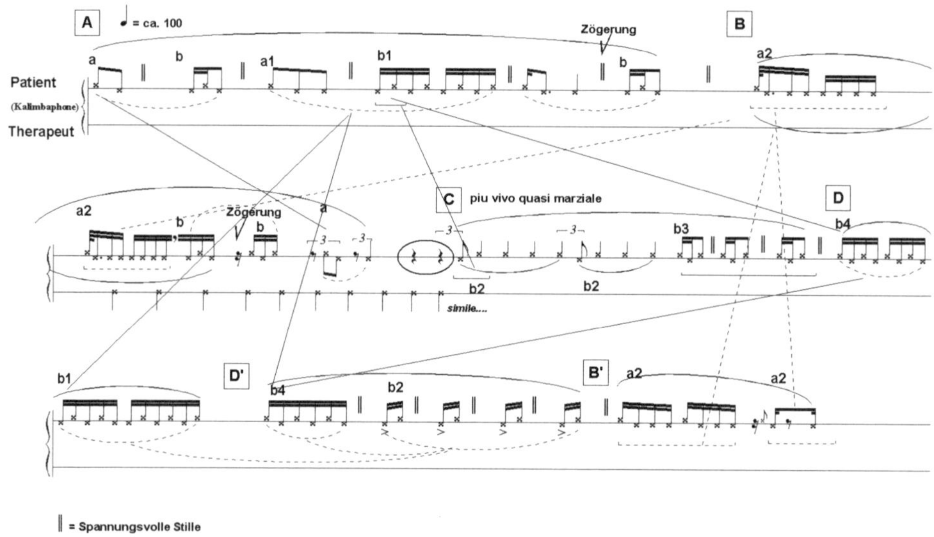

Wie kann man Elemente beschreiben und diejenigen identifizieren, die man braucht, um diesen Prozess zu verstehen und zu erklären?

In dieser Studie wurde ein spezifisches Design entwickelt, in dem die Hauptaufmerksamkeit auf dem Prozess vom sensoriellen Spiel zur musikalischen Form liegt. Die Daten wurden in der systematischen Weise gesammelt und analysiert, wie in der Forschungsmethode beschrieben. Das Videomaterial aller Sitzungen von jedem Patient (alle Sitzungen wurden systematisch gesammelt) wurde auf sieben Videofragmente reduziert. So war es möglich, die bedeutsamen und notwendigen Schritte im therapeutischen Prozess strukturiert zu beschreiben und methodisch zu untersuchen. Von diesen Analysen und Ergebnissen konnte man ebenso ein deutliches Bild des Prozesses innerhalb der beiden Fallstudien herausarbeiten, wie einen Einblick in die involvierten Prozesse gewinnen. Es war interessant, dass in beiden Fällen für die Analyse des sensoriellen Spiels vier Videofragmente nötig waren, zwei Videofragmente für die Analyse der Momente von Synchronizität und ein Videofragment, um die musikalische Form zu zeigen.
Das Fehlen von Zusammenhalt und das Unvermögen, das sensorielle Spiel in einem Bild zu illustrieren, verweist auf die Aussage von Langner (1953), dass „wenn es schwierig ist, die Form befriedigend zu definieren, so ist es mit Formlosigkeit noch viel schwieriger“ (zitiert in: The New Grove 1980, 710).
In der musikalischen Form ist alles präsent, deshalb musste man für diese Kategorie nur ein Videofragment aussuchen und auswerten. Für den musikalischen Pro-

zess war die Notation der musikalischen Fragmente unerlässlich, weil man nur über diese konkreten musikalischen Daten das musikalische Material systematisch analysieren konnte. Daraus wurden die musikalischen Elementen und Strukturen sichtbar, ebenso konnte man in beiden Fällen den musikalischen Prozess entdecken. Um den therapeutischen Prozess zu untersuchen, waren letztendlich die Eindrücke des Therapeuten und die Forschungsintervision die wichtigste und bedeutsamste Informationsquelle.

Wie wird das sensorielle Spiel zur musikalischen Form?

Die Entwicklung vom sensoriellen Spiel zur musikalischen Form vollzog sich in beiden Fällen über das Auftauchen von Momenten von Synchronizität. Aus den Ergebnissen der beiden Fallstudien kam ich zu folgender Definition und Kategorisierung der Momente von Synchronizität.

Momente von Synchronizität im musiktherapeutischen Kontext

Der Begriff Momente von Synchronizität beschreibt den zeitlichen Moment einer geteilten inneren Erfahrung von Patient und Therapeut, in dem sie sich frei und autonom im gemeinsamen Spiel während einer Improvisation fühlen. Diese geteilte Erfahrung ereignet sich unabsichtlich und unbeabsichtigt – sie ist phänomenologisch charakterisiert durch die Abstimmung musikalischer Parameter von Patient und Therapeut.

Weitere Erklärungen:

Beide, Patient und Therapeut, machen die Erfahrung, zum ersten Mal ein genuin geteiltes Spiel in der Verflechtung zweier musikalischer Linien zu einer Einheit oder einem Ganzen zu erleben – beispielsweise, wenn beide denselben Puls mit gemeinsamen Akzenten in einem Metrum teilen. Dies wird untermauert durch die paradoxe Erfahrung von Freiheit und Autonomie der Beteiligten. Die gleichzeitige Abhängigkeit in der Schaffung eines gemeinsamen musikalischen Objekts führt zu dem befreienden Gefühl, in einer vollkommen unabhängigen Weise musizieren zu können. Der Patient und der Therapeut sind frei in ihrer Beziehung zueinander und sie können spielen, denken, existieren und ihre eigenen musikalischen Gedanken entwickeln. Dieses Paradoxon hat die auftauchende Autonomie bei Patienten und Therapeut zur Folge, während zur selben Zeit die gleichzeitige Abhängigkeit akzeptiert und anerkannt wird. Währenddessen ereignen sich kurze Momente, in denen sich die Klangfarben beider Spieler miteinander verflechten.

Diese Momente von Synchronizität können kurz sein, unerwartet und unregelmäßig, als mögliche Vorläufer der sich entwickelnden musikalischen Form. Momente von Synchronizität tauchen für gewöhnlich als spezifische oder „richtige Momente“ in einer geteilten Erfahrung auf.

Die folgende Tabelle zeigt die Haupteigenschaften der Momente von Synchronizität, aufgelistet in definierten Kategorien – einige, nicht alle Items finden sich in der Analyse improvisierter Musik wieder.

Tabelle 3: Kriterien der Momente von Synchronizität:

Form:

1. Unerwartetes Auftauchen eines kurzen musikalischen Bildes durch den Patienten.
2. Das Vorhandensein von einzelnen musikalischen Initiativen führt zu Momenten gemeinsam geteilter musikalischer Entwicklung.
3. Die Musik fängt an, über einen kurzen Zeitraum einige gemeinsam geteilte dynamische Charakteristika anzunehmen.
4. Unerwartetes gemeinsames Beenden eines miteinander erlebten musikalischen Geschehens.

Musikalische Aspekte:

1. Auftreten eines gemeinsam geteilten Gefühls von Puls und Rhythmus zwischen Patient und Therapeut.
2. Phrasierung kommt in der Musik vor.
3. Variationen in Rhythmus und Melodie fangen an aufzutauchen.
4. Pausen entstehen während der Improvisation.
5. Momente von musikalischem Dialog und Interaktion geschehen zwischen Patient and Therapeut.
6. Momente von Verflochtenheit der Klangfarben zwischen Patient und Therapeut.
7. Pulsierende und rhythmische Charakteristika der Musik sind ein auffallendes Phänomen.
8. Off-Beats und Akzente werden vom Therapeuten gespielt.

Psychische Aspekte:

1. Synchronizität taucht unmittelbar auf, es gibt keine Latenzzeit.
2. Patient und Therapeut erleben, dass sie im Stande sind autonom zu spielen.
3. Psychischer Raum entsteht im Patienten.
4. Der Patient wird unabhängiger.

Aspekte des inter-personal/ intra-personalen Erlebens aus der Sicht des Musiktherapeuten:

1. Der Patient lässt den Therapeuten in seinem Spiel zu.
2. Der Patient wird zunehmend im geteilten musikalischen Spiel einbezogen.
3. Der Patient und der Therapeut fangen an, Momente von Resonanz zu erleben.
4. Es gibt eine geteilte innere Erfahrung des Patienten und des Therapeuten von Freiheit und Unabhängigkeit.
5. Es kommt Akzeptanz und die Anerkennung der gegenseitigen Abhängigkeit vor.
6. Patient und Therapeut werden gegenseitig unabhängig.
7. Der Patient bezieht sich auf den Therapeuten als ein Subjekt.
8. Der Therapeut erlebt Spaß beim Musizieren.
9. Intersubjektivität ereignet sich für kurze Momente.

Aspekte der Körperhaltung:

1. Der Patient bewegt sich synchron zur Musik.
2. Der mimische Ausdruck des Patienten beginnt seine inneren Erfahrungen widerzuspiegeln.

Momente von Synchronizität: Fall 1

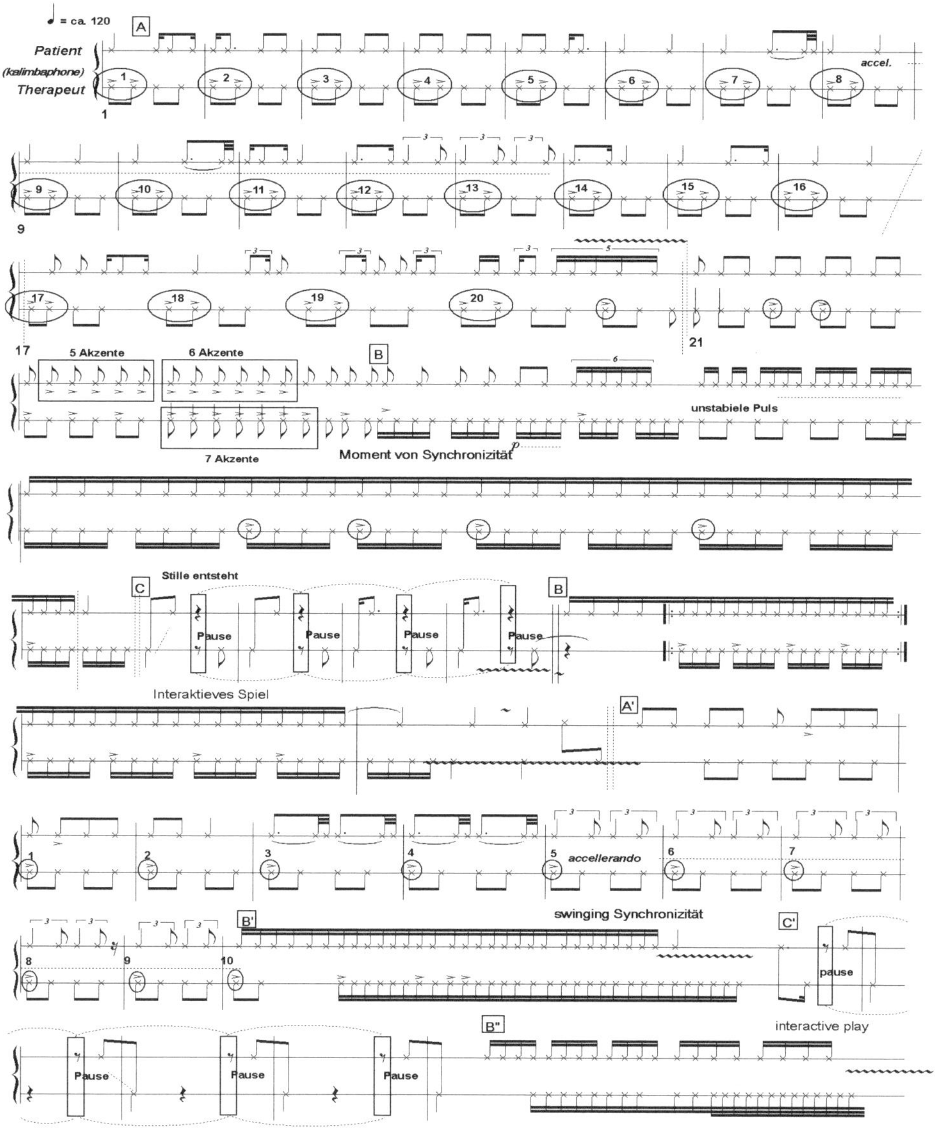

In den Momenten von Synchronizität sind im musikalischen Material beider Fälle dieselben musikalischen Elemente zu finden: Erste Versuche, Phrasierung in der Musik durch das Zulassen von Pause und Stille zu entwickeln, Variationen durch rhythmische und melodische Entwicklung und Variabilität der Dynamik und ein erstes Auftauchen von Kontrolle oder Intension durch „Abrunden" oder klares Beenden einer Improvisation.

Jedenfalls ist es wichtig, herauszustellen, dass diese Momente von Synchronizität jedes Mal nur einen Augenblick auftauchen, – sie sind nicht von Dauer. Wenn diese musikalischen Elemente beständig und stabil genug werden, um sich zu einer musikalischen Form zu entwickeln, kann man sie halten oder weiterführen. Durch Momente von Synchronizität ereignen sich erste musikalische Interaktionen; gleichzeitig entsteht eine erste Intersubjektivität auf psychischen Niveau. Der Körper ist dann zum ersten Mal in der Lage, mit der Musik mitzuschwingen. Dies ist also das erste Mal, dass sich der Klang beider Spieler verflicht.
Speziellen Interventionen des Therapeuten sind notwendig, um dem Patienten die Gelegenheit zu geben, den therapeutischen Prozess vom sensoriellen Spiel in Richtung der musikalischen Form zu bringen.

Welche musiktherapeutischen Interventionen tragen dazu bei, dass sich möglicherweise eine musikalische Form entwickelt?

In der Analyse der beiden Fallstudien ergaben sich einige signifikante Interventionen, die den Prozess des Spielens des Patienten vom sensoriellen Spiel zur musikalischen Form erleichtern, beeinflussen oder unterstützen. Abgesehen von den grundlegenden therapeutischen Phänomenen wie Übertragung, Gegenübertragung, Holding, Containment oder projektive Identifikation, beinhalten sie folgende therapeutische Interventionen:

- Übernahme der Basslinien- und der Diskantlinien-Position
- Antizipieren des inneren Klangs und der Stille
- Nach-Resonieren
- Empathisches Lauschen auf das sensorielle Spiel
- Therapeutische Reaktion
- Therapeutische Provokation
- Mentalisieren nach der Sitzung
- Abwesenheit des Patienten

Diese Bereiche werden im Folgenden näher besprochen.

Übernahme von Basslinien- und Diskantlinien-Position

Die in den beiden Fallstudien verwendeten Metaphern der Rollen der rechten- und linken- Hand (Van Camp 2001) wurden dazu genutzt, die therapeutische Beziehung zwischen Musiktherapeut und Patient zu beschreiben. Aufgrund der Ergebnisse und der Analyse erweitere ich die Rolle der linken und rechten Hand noch weiter im metaphorischen Sinn als *Basslinien- und Diskantlinien-Position*. (In der Polyphonie des 15. und 16. Jahrhunderts ist der Diskant synonym mit Sopran. Auch bei Keyboard Instrumenten ist der Diskant das höchste Register.) Die Basslinien-Position ist eine Metapher für die Haltung des Therapeuten in der therapeutischen Beziehung mit dem Patienten, die zwischen Begleitung und Unterstützung liegt und die harmonischen Basis bildet, auf der sich die Melodie des Patienten beginnen kann zu entfalten und in der sie eingebettet ist. Psychologisch verstanden, kann die Basslinien-Position auch als das aufnehmende, unterstützende und mitschwingende Wissen beschrieben werden. Es ist ein therapeutischer Raum, den der Therapeut schafft, und in dem sich der Patient bewegen und hoffentlich zum ersten Mal mit dem harmonischen Fundament, das der Therapeut anbietet, mitschwingen kann. Der Therapeut, als begehrtes und wissendes Subjekt, wird sich in keinem Augenblick an die Fragen oder Wünsche seines Patienten anpassen. Deshalb ist die Basslinien-Position eng verbunden mit der psychoanalytischen Forderung der Abstinenz. Daraus folgert, dass das Gestalten der Diskantlinien-Position total offen und beiden, dem Patienten und dem Therapeuten unbekannt ist.

Der Patient selber wird sich von der Übertragung aus in einen psychischen Raum bewegen und damit seinen traumatischen Erlebnissen und Erinnerungen eine Form verleihen. Die Basslinien-Position unterstützt nur und ermöglicht die freie Improvisation im Diskant.

In den beiden Fallstudien wird deutlich, dass beide Patienten aufgrund ihres sensoriellen Spieles nicht fähig waren, die Diskantlinien-Position einzunehmen oder sie zu halten. Die Anspannung und Kraftlosigkeit der Patienten war so schmerzhaft, dass ich als Musiktherapeut nichts anderes tun konnte, als die Diskantlinien-Position (die zum Patienten gehört) auf mich zu nehmen. Dies ist eine Art Antidotum gegen die Destruktivität des sensoriellen Spiels und ist notwendig, damit der Therapeut überhaupt existieren kann. Innerhalb dieses Rahmens konnte der Therapeut etwas in eine musikalische Form kleiden, welches der Patient noch nicht in der Lage war anzunehmen. Nur in Momenten von Synchronizität und dem Auftauchen einer musikalischen Form konnten die beiden Patienten selbst die Diskantlinie übernehmen und der Basslinien-Position des Therapeuten vertrauen. In dieser Studie wurde deutlich, dass ich als Therapeut während des sensoriellen Spiels der Patienten vorwiegend, in einer regelmäßig abwechselnden Weise, die Bass- und Diskantlinien-Position übernahm, um den therapeutischen Prozess auf einem gewissen dynamischen Level zu halten. Dadurch konnte ich durchgängig spüren, was der Patient tolerieren und akzeptieren und was er nicht akzeptieren oder tolerieren konnte. In beiden Fallstudien musste ich ständig darauf achten, ob der Patient für einen Augenblick in die Diskantlinien-Position überwechseln und dabei bleiben konnte oder nicht. Den Moment, in dem der Therapeut die Diskantlinien-Position übernimmt, bestimmt intuitives Spüren. Der Therapeut muss so viel Einsicht in die Gegenübertragung besitzen, damit dieses Reverie-Spiel in der Diskantlinien-Position als störend oder manipulativ erlebt werden kann. Der Therapeut muss seine Psyche in den Dienst des Patienten stellen und ausreichend Einblick in seine eigenen Wünsche haben (z. B. seine Gegenübertragungsgefühle). Wie Van Camp (2001) schreibt, bleibt eine Schwierigkeit in der Arbeit mit kranken Menschen wie psychotische Patienten, dass immer eine immanente Gefahr darin besteht, dass der Druck auf den Therapeuten so stark wird, dass er dem Wunsch des Patienten nachgibt und selber die Diskantlinien-Position übernimmt. Dadurch würde der Therapeut mit dem Patienten verschmelzen. Dies jedoch würde den therapeutischen Prozess blockieren oder sogar zerstören, es würde den Patienten total vom Therapeuten abhängig machen.

Antizipieren des inneren Klangs oder der Stille

Man kann das Antizipieren des inneren Klangs beschreiben als die musikalische Anwesenheit eines unhörbaren Klangs, einer Stille, die der Musiktherapeut erfährt und in die hinein er in dem Moment lauscht, in dem er anfängt, mit dem Patienten zu musizieren.

In der Stille vor der Improvisation ahnt der Spieler das Unbekannte, das kommen wird. Diese „Vorbereitungsstille" erlaubt es, mit sich selbst in Resonanz zu kommen und, in einem musiktherapeutischen Kontext, mit dem anderen, wo es notwendig ist, einen inneren Raum zu schaffen. Jedes authentische musikalische Spiel entspringt daraus.

Der antizipierte innere Klang ist nicht nur unhörbar, er ist auch vollständig unbekannt und unvorhersehbar. Es ist der innere Klang, von dem der Spieler sich überraschen lässt während er ihn hört und der ihn durch die musikalische Improvisation führt. Dieser Klang ist nicht ausgedacht, er gehört zu niemandem, aber er wird vom „dritten Ohr" (Reik 1975) des Musiktherapeuten gehört, während er der Anwesenheit des Patienten gegenüber eine rezeptive Haltung einnimmt. Der Spieler lässt sich selbst von der Kraft führen, die von seinem Klang herrührt. Nach der Stille, die der Improvisation vorausgeht, erklingt der erste Ton – und man weiß von diesem Augenblick an, wie die Improvisation weitergeht. In der Musiktherapie ist es von größter Bedeutung zu sehen, wie der Patient eine Improvisation beginnt, zum Beispiel, ob er in der Lage ist oder nicht, sich diese notwendige antizipierende innere Stille zu erlauben und sich selbst von etwas führen zu lassen, das er nicht kennt. Im anderen Fall würde der Patient sofort jede mögliche Stille mit Klang oder Lärm ausfüllen.

In beiden Fällen hatten die Patienten die Tendenz, jeden Raum und jede Stille auszufüllen, wann immer sie im sensoriellen Spiel gefangen waren. Sie konnten keinen inneren Raum schaffen, in dem Bilder oder Vorstellungen entstehen können und in dem man fantasieren oder denken kann. Die Unfähigkeit, sich einen inneren Klang zu erlauben, war nicht nur im sensoriellen Spiel zu beobachten, oft dehnte sie sich über die gesamte musiktherapeutische Sitzung aus. Die musikalische Produktion blieb vollständig äußerlich, fremd und ungerichtet; es war unmöglich, sich das musikalische Material anzueignen.

Nach-Resonieren (Post-Resonation)

Eine in den meisten Fällen unbeachtete Intervention des Therapeuten während der Fallstudien war der Punkt, an dem er normalerweise seine letzten Noten im sensoriellen Spiel des Patienten *nachresonieren* lässt. Das Nachresonieren bedeutet, dass der Therapeut das Spiel für eine kurze Weile hält und nicht abrupt abbricht, wie es die beiden Patienten durchgehend taten. Nachresonieren hat einen sehr großen therapeutischen Wert, denn wenn man den letzten Ton der Improvisation verklingen lässt, resoniert das gespielte Stück innerlich in der Stille nach, das Unbewusste kann aktiv werden. Dieses Nachresonieren bestimmt das therapeutische Ereignis und beinhaltet die Bestätigung, dass man sich in einer therapeutischen Beziehung befindet. Das Auftauchen von Nachresonieren und Stille ereignet sich intuitiv im Therapeuten. Es kann unter keinen Umständen als bewusst eingesetzte Technik angesehen werden, es ist das im Therapeuten verwurzelte Wissen. Dadurch, dass der Therapeut sich dessen bewusst wird, kann er sich diese therapeutische Haltung aneignen – erst dann kann es Teil der therapeutischen Improvisation werden.

Empathisches Lauschen auf das sensorielle Spiel

Neben der bifokalen hörenden Haltung (Bion 1975), der „gleichschwebenden Aufmerksamkeit“ (Freud 1916–17) und dem Zuhören ohne „*memory or desire*“ (Bion 1962), war die empathische zuhörende Haltung für diese Forschung besonders interessant. Sie war sicherlich eine Besonderheit zu der Zeit, in der der Patient noch im sensoriellen Spiel gefangen war. Pedersen (1998) schreibt über den Therapeuten, der durch seinen Körper auf den Körper des Patienten hört. Diese physische zuhörende Haltung wird in den Videoanalysen sichtbar, in denen die physische Haltung des Therapeuten mit der des Patienten identisch ist. Man kann sagen, dass der Therapeut durch seinen eigenen Körper auf den Körper des Patienten hört, während er auf die Stärke des Affekts hört. Der Therapeut versucht durch seinen Körper mit dem Affekt des Patienten in Resonanz zu kommen.

Therapeutische Reaktion

Dies bezeichnet eine Reaktion des Therapeuten auf die vom Patienten projizierte Kraftlosigkeit und Unfreiheit, die der Therapeut im sensoriellen Spiel als besonders ausgeprägt erlebt. Der Therapeut hegt den therapeutischen Wunsch, mit seiner Musik durchgängig in Resonanz mit dem sensoriellen Spiel des Patienten zu kommen. Der Therapeut hofft, dass die musikalischen Formen, die er anbietet, sich auf das sensorielle Spiel des Patienten übertragen, so dass ein erster Kontakt entsteht, in dem der Patient für einen Augenblick in Resonanz oder kurzzeitig in eine innere Bewegung kommen kann. Die therapeutische Reaktion ist die standhafte Haltung des Therapeuten, die notwendig ist, dauerhaft innere Bedingungen zu schaffen, damit sich innere Bilder oder Vorstellungen entwickeln können. Sie bedeutet, achtsam für das Spiel des Patienten zu sein und intuitiv das Auftauchen von Phrasen, Struktur und Metrum zu suchen, worin Stille und mögliche Variationen auftauchen können.

Therapeutische Provokation

Diese Art der Intervention ist mit der therapeutischen Reaktion verbunden, jedoch viel direkter. In den beiden Fällen provozierte der Therapeut das sensorielle Spiel durch vorsichtig dagegengesetzte Off-Beat-Rhythmen. Man kann sagen, dass der Therapeut durch diese provozierende Intervention versuchte, das kompakte, geschlossene und kontaktlose, oder das rigide, kontrollierende und angstvolle Spiel in beiden Fällen zu öffnen. Obwohl beide Patienten noch nicht darauf vorbereitet

waren, dass etwas in diesen Prozess eindringen könnte, konnten sie ihr sensorielles Spiel für einen Augenblick verlassen, indem sie z. B. das Tempo oder die Dynamik des Therapeuten übernahmen. Therapeutische Provokation ist keine Technik, sondern ein intuitives, vom Therapeuten verlangtes Ereignis, wenn er spürt, dass diese Intervention zugelassen werden kann.
Deshalb ist es keine bewusste Intervention, sondern eine Intervention, die von der vorgegebenen Übertragung gesteuert wird. Wenn dies zu früh geschieht, kann der Patient eine solche Öffnung nicht zulassen, sein Widerstand dagegen wächst.

Mentalisieren nach der Sitzung

Manchmal war das *Holding* und Durcharbeiten des sensoriellen Spiels des Patienten für den Therapeuten unerträglich. Trotzdem hat der Therapeut, im Gegensatz zum Patienten, nach der Sitzung die Möglichkeit, durch Improvisieren im *Reverie-Stil* all dieses auszuhalten und zu verarbeiten. Durch dieses mentalisierende Spiel kann der Therapeut alles, was ihn während der Sitzung berührt in einer musikalischen Form wieder erschaffen. Das Mentalisieren durch dieses musikalische Improvisieren ermöglicht es dem Therapeuten, sich aus dem Sumpf des sensoriellen Spiels zu befreien. Dadurch kann er diese besetzte Leere oder die Festigkeit des Affekts über ein inneres Bild (Vorstellung) integrieren, und die Hoffnung und den Wunsch danach, den therapeutischen Prozess fort zu führen, weiter bestehen lassen.
Eine solche Situation findet sich in der ersten Sitzung des ersten Falles: Sie hinterließ eine angespannte Leere. Der Therapeut hatte, im Gegensatz zum Patienten, die Möglichkeit, den vibrierenden Affekt in seinem Körper mithilfe der musikalischen Improvisation auszuhalten und zu verarbeiten. In der Improvisation konnte er sich eine therapeutische Stille erlauben, die für das Mentalisieren der von Wiederholungen besetzten Leere wichtig war. Über das Spiel konnte er diesen Empfindungen Form verleihen, somit blieben sie außerhalb seines Körpers.

Abwesenheit des Patienten

Der leere Raum der entsteht, wenn der Patient zu spät oder überhaupt nicht zu der Musiktherapiesitzung kommt, hat therapeutische Bedeutung. Ogden sagt, dass die physische Abwesenheit des Patienten eine besondere psychologische Wirkung auf den Therapeuten hat und dass der therapeutische Prozess trotz der physischen Abwesenheit des Patienten weitergeht. Auf diese Weise werden die besonderen Vorstellungen der Anwesenheit des Patienten durch seine Abwesenheit in analytische Objekte transformiert, die als Teil des therapeutischen Diskurses ganz erfahren, durchlebt, symbolisiert und verstanden werden müssen (Ogden 1997, 43). Der Musiktherapeut hat jedoch das Potential, sich durch improvisieren und reflektieren über den Patienten, ein Bild von dem Patienten zu schaffen; deshalb kann der therapeutische Prozess weitergehen. Diese therapeutische Ebene des Denkens war für den Therapeuten im zweiten Fall eine besondere und notwendige Erfahrung. Zum Beispiel wartete der Therapeut während der ersten drei Sitzungen auf den Patienten, der jedes Mal zu spät kam. Wegen seiner narzisstischen Problematik wollte der Patient durchgehend die Kontrolle über die musiktherapeutische Behandlung ausüben. Durch sein Zuspätkommen schuf er eine Situation, in der er den Rahmen der Behandlung kontrollierte. Für den Therapeuten war es therapeutisch von großem Wert, dass er improvisieren und dabei über den Patienten nachsinnen konnte. Die musikalische Improvisation war rein intuitives Spielen, bei dem sich der Therapeut von der Musik leiten ließ. Auf diese Weise konnte der Therapeut in Resonanz mit sich selbst kommen, das imaginierte Bild des Patienten und des therapeutischen Prozesses fortführen und halten. Dieser Prozess des musikalischen und mentalen Formgebens spiegelt sich in der therapeutischen Haltung des Therapeuten wider und in seinem Lauschen während des bevorstehenden Treffens mit dem Patienten.

Weitere Ergebnisse zu Momenten von Synchonizität und der musikalischen Form

Die Art und Weise, in der Momente von Synchronizität und die musikalische Form auftauchen, kann in der Musik selbst beschrieben werden (Bruscia 1987; Bruscia in Wigram 2004; De Backer & Van Camp 2003 b). Musik in der Improvisation drückt etwas von uns aus, im Gegensatz zu der allgemeinen Annahme, dass man sich selbst durch Musik ausdrückt. Musik ist nicht Ausdruck des Subjekts, sondern das Subjekt ist Ausdruck der Musik (Van Camp 2001). Die musikalische Form, die der zweite Patient entwickelte, ist ein gutes Beispiel dafür.

Musikalische Form: Fall 2

In seiner musikalischen Form tauchen Motive auf, die identisch sind mit kompositorischen Motiven von Dowlands Lied: „Flow my tears".

Motive

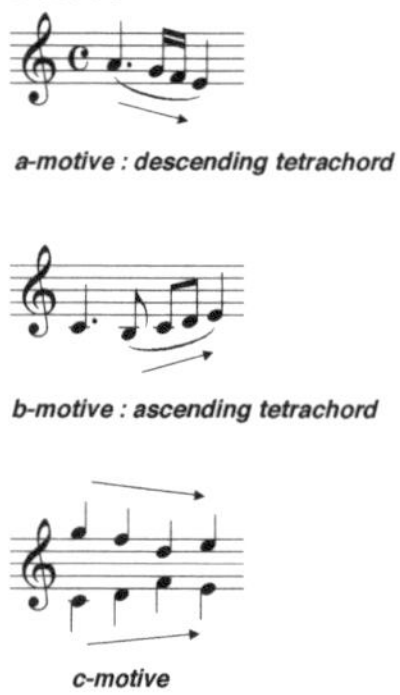

Der Patient erfand diese musikalischen Motive von Dowland nicht, trotzdem spielte er sie in seiner musikalischen Form. Es ist die Musik, die den Patienten zu etwas Unbekanntem führt. Dies kann nicht als Bestätigung dessen gesehen werden, dass der Patient sich selbst in der Musik ausdrückt.

Wir finden dasselbe Phänomen in der Literatur. Der Autor erlaubt sich selbst, überrascht zu sein (der glückliche Umstand) oder überwältigt, durch eine Reihe nicht ausfindig zu machender, nicht interpretierbarer und synkretischer Assoziationen. Dieser Prozess (das fruchtbare Motiv) wird von einem autonomen Ich organisiert (Ehrenzweig 1977). Es ist ein Prozess der Unterwerfung, der sich selbst, während sich das Werk entfaltet, endlos wiederholt. Der Leser sieht nur das fertige Ergebnis. Der Autor wird also nicht nur durch seine eigenen Assoziationen beeinflusst, sondern durch das, was er (teilweise in heftiger Überraschung) auf seiner Seite vorfindet (z. B. er entdeckt einen Teil der Kunst als ein autonomes Subjekt). Dies kann in Korrelation zu dem gesehen werden, was die beiden Patienten erlebten, als sie die musikalische Form erreichten. Es ist ein autonomes Spiel. Der Autor ist Betrachter seines eigenen Werkes. So wie Stokes (1965) schreibt: „Der Künstler ist im umfassendsten Sinne Betrachter seines eigenen Werkes; nicht nur des vollendeten Werkes, sondern des Werkes in allen Stadien des Entstehens." Beethoven „erfand" nicht wirklich die berühmten ersten Töne seiner fünften Symphonie. Sie tauchten spontan in seinem Geist auf. So war es auch im Fall der musikalischen Motive in der musikalischen Form bei den beiden Fällen.

Klinische Anwendung

Therapeutischer Prozess

Für klinische Musiktherapeuten, die in der Psychiatrie arbeiten, bietet diese Forschung einen theoretischen Rahmen, mit Hilfe dessen es möglich ist, einen möglichen Prozessverlauf mit psychotischen Patienten zu verstehen. Dieses Verständnis, durch die Interpretation musikalischer und psychischer Veränderungen beim Patienten, kann Vertrauen und Zutrauen fördern; das betrifft z. B. das Phrasieren, die Entwicklung von Pausen, Anfänge von Struktur und vor allem über die ständige Wachheit, dass dies alles eintreten könnte. Dies drängt den Therapeuten zu einer abwartenden, besonders lauschenden Haltung auf den richtigen Zeitpunkt (*kairos*), in dem er mit dem Patienten in Resonanz kommen kann. Der Patient wird zu verstehen geben, wenn er für Momente von Synchronizität offen ist. Es ist Sache des Therapeuten, diese Momente aufmerksam zu erspüren und diese, z. B. durch andere musikalische Akzente, Off-Beat-Rhythmen oder durch Anbieten einer ersten Form zu begleiten. Dieser Prozess von zeitlicher Abstimmung beinhaltet das Vertrauen, dass der Patienten zeigen wird, wann er für solche Veränderung in den verbindlichen Mustern bereit ist. Ogden drückt dies folgendermaßen aus: „Symbolisierung entwickelt sich gewöhnlich mit der Zeit, wenn man geduldig ist und es nicht erzwingt. Erzwungene Symbolisierung ist beinahe immer leicht an ihrer intellektualisierten, formelhaften und gekünstelten Qualität zu erkennen" (Ogden 1997, 161). Deshalb ist es so wichtig, das Wissen um das Verstehen und die Behandlung von psychotischen Zuständen deutlich zu beschreiben.

Therapeutische Interventionen

In dieser Forschung wurden auch spezifische therapeutische Interventionen untersucht. Einige therapeutische Interventionen waren für den musiktherapeutisch Forschenden neu, so die Konzepte der *Antizipation des inneren Klanges, der therapeutischer Reaktion, der therapeutischen Provokation, des Nach-Resonierens* und die Bedeutung verschiedener Arten von *Stille.* In dieser Studie wurde deutlich, dass diese Interventionen nicht als bewusste Techniken definiert werden können, da sie nicht bewusst, sondern vielmehr intuitiv eingesetzt werden. Deshalb werden sie nicht als Techniken beschrieben, die bewusst zur Lösung eines Problems eingesetzt werden, sondern in dem Bewusstsein, dass sie, in einer therapeutischen Haltung eingebettet, durch den therapeutischen Prozess angestoßen werden. Diese Interventionen sollen nicht als therapeutische Techniken gelehrt werden, sondern als Fähigkeiten, die nur durch eigene Therapie, Selbsterfahrung oder Supervision entwickelt und angeeignet werden können. Wie Casement sagt: „Niemand kann einen anderen zum Wachsen bringen. Deshalb muss der Therapeut die Wachstumsprozesse genauso gut kennen wie die Dynamiken, durch die diese verhindert werden"(Casement 1989, 203). Ein therapeutischer Prozess ist nicht manipulativ. Mit Hilfe von Technik kann man keinen psychischen Raum schaffen. Man kann nichts tun, nicht bewusst, damit sich der „richtige" Moment, wie ein Moment von Synchronizität, ereignet. Stern et al. stellten fest, dass "wenn der Therapeut ‚weiß', was er zu tun hat, er möglicherweise den ‚passenden Moment' (*Now-Moment*) verpasst oder sich schnell hinter der Technik versteckt hat" (1998, 304–305).

Es ist ein ständiges Warten mit einer Haltung von Erwartung und Neugier und der Erlaubnis sich selbst gegenüber, jederzeit überrascht zu sein, wenn etwas auftaucht und dem Versuch zu verstehen, was dies bedeutet. Es besteht immer eine Spannung innerhalb der Beziehung von Wissen und Nicht-Wissen. Hier ist Bions „Zwei-Augen-Sicht" (*binocular vision*) (1975, 63–64) ein interessantes Konzept: Der Therapeut kann lernen, mit einem Auge den Aspekten zu folgen, von denen er weiß, dass er nichts weiß, und gleichzeitig fokussiert er mit dem anderen Auge das, von dem er glaubt, dass er es weiß. Dies ist eine fruchtbare Spannung zwischen dem Wissen und Nicht-Wissen.

Die Interventionen des Therapeuten, die für das Entstehen der musikalischen Form von Bedeutung sind, wurden beschrieben. Die Einsicht in therapeutische

Interventionen kann dem klinischen Therapeuten das bewusster machen, welches notwendig ist, um dem psychotischen Patienten zu helfen, einen therapeutischen Raum zu entwickeln. Für den Praktizierenden und den Musiktherapiestudenten ist es unerlässlich, dass therapeutische Interventionen von einem theoretischen Denkrahmen geleitet werden.

Ergebnis

Die Ergebnisse dieser Studie kennzeichnen die Entwicklung des Prozesses vom sensoriellen Spiel zur musikalischen Form als einem zentralen Aspekt in der musiktherapeutischen Behandlung von psychotischen Patienten. Um die Forschungsfragen zu beantworten, war es notwendig, zuerst das sensorielle Spiel und die musikalische Form zu beschreiben.

Zunächst wurden in dieser Forschung beide Begriffe definiert, um einen möglichen therapeutischen Prozess zu untersuchen. Ausgehend von der Analyse des musikalischen und therapeutischen Prozesses schien es so, als tauchte ein neues und unerwartetes Phänomen auf, welches in diesem ganzen Prozess von Bedeutung war, nämlich das Konzept der Momente von Synchronizität.

Die Ergebnisse dieser Studie zeigen auch, wie innerhalb des Musiktherapieprozesses die Entwicklung der musikalischen Form dem sensoriellen Spiel entgegenwirken und es reduzieren kann. Man kann im musiktherapeutischen Kontext die musikalische Form als den Ursprung der musikalischen Voraussetzungen beschreiben. Den Klängen, die während einer musikalischen Improvisation hervorgebracht werden, ermöglicht sie, vom Subjekt nicht nur als etwas externes, als etwas das ihm fremd ist, erfahren zu werden, sondern stattdessen in Resonanz mit dem inneren Selbst zu kommen. Den Zeitpunkt, in dem Momente von Synchronizität auftauchen, kann man als den bestimmendsten, aber auch deshalb als den unsichersten im Entstehen einer zu ihm gehörenden musikalischen Form ansehen. In den beiden, in dieser Studie berichteten Fällen findet dieser besondere Augenblick immer während einem intersubjektiven Geschehen statt. Die Momente von Synchronizität wurden als von Patient und Therapeut geteilten Erfahrung beschrieben, in der sie sich frei und autonom in ihrem Spiel fühlten. In Beziehung zueinander sind beide, Patient und Therapeut frei zu spielen, zu denken, zu existieren und ihre eigenen musikalischen Vorstellungen zu entwickeln. Dieser Moment der polyphonen Resonanz ist die Bedingung dafür, dass in der Improvisation ein musikalisch dynamischer Aufbau entstehen kann, in dem rhythmische und melodische Themen auftauchen, die weiter in der musikalischen Form entwickelt und variiert werden können. Musikalische Figuren sind durch Phrasen und Pausen charakterisiert, eine andere spezifische Eigenschaft ist, dass zum ersten Mal sowohl ein klarer, mental vorbereiteter Anfang als auch ein solches Ende die musikalische Improvisation markiert.

Man kann das sensorielle Spiel in allen Aspekten als das Gegenteil der musikalischen Form beschreiben. Es ist das improvisierte Spiel des Patienten mit dem

Therapeuten, wobei der Patient, indem er Klänge produziert, aber nicht zur Musik gelangt, diese Klänge nicht als von sich kommend erlebt. Die Improvisation erzeugt im Patienten kein Erleben, er wird durch die Musik nicht inspiriert. Der Patient erfährt sein musikalisches Spiel nicht als etwas, das von ihm selbst kommt, sondern vielmehr als Klänge, an denen er keinen Anteil nimmt. Die Klänge sind außerhalb von ihm, sie gehören nicht zu ihm. Aufgrund seiner Pathologie hat der psychotische Patient keinen psychischen Raum zur Verfügung, der Symbolisierung erlaubt. Sensorielles Spiel ist endlos, ohne Anfang und Ende.

Ausgehend von dieser Forschung wurde deutlich, dass spezifische Phänomene wie Stille, Klangfarbe und Intersubjektivität wichtige Phänomene im therapeutischen Prozess sind. Sie manifestieren sich nicht nur auf einer nicht-sichtbaren und nicht-hörbaren Ebene, sondern können meistens nur vom Patienten und Therapeuten erfahren werden. Es ist auch möglich, die spezifischen und differenziert therapeutischen Interventionen des Musiktherapeuten zu untersuchen, denn diese sind wichtig, um die Möglichkeiten der Entwicklung der musikalischen Form zu fördern und zu unterstützen. Ausgehend von dieser Forschung scheint sich der Therapeut die therapeutischen Methoden der Interventionen (wie das *Antizipieren des inneren Klanges, die therapeutische Reaktion, das Nachresonieren, die empathische lauschende Haltung, die therapeutische Provokation, Mentalisieren nach der Stunde)* nicht als konkrete Technik aneignen zu können, da sie nicht bewusst, sondern vielmehr von der Übertragung geleitet werden. Diese Interventionen können durch Selbsterfahrung und Supervision verständlich gemacht und angeeignet werden und so zu einer verlässlichen und authentischen Haltung in therapeutischen Interventionen mit psychotischen Patienten beitragen. Ich hoffe mit dieser Forschung ein theoretisches Denkmodell entwickelt zu haben, das in der klinischen Praxis anwendbar ist, um psychotische Patienten zu unterstützen, einen psychischen Raum zu entwickeln, in dem symbolische Gedanken und Erfahrungen bestehen und als solches den „unvorstellbaren Stürmen“ (*„unimaginable storms“)* ein Ende setzen können (Jackson und Williams 1994).

Die musikalischen Analysen boten mir die Möglichkeit, das musikalische Material zu untersuchen und versteckte Strukturen und musikalische Entwicklungen zu entdecken. Ein sehr interessanter Aspekt war die Forschungs-Intervision, in der meine eigene Gegenübertragung deutlich und verschiedene Interpretationen bewusst gemacht wurden. Dies war nicht nur für die Forschung bedeutend, sondern auch ein nützlicher Prozess für die Supervision der täglichen klinischen Praxis. Das Ergebnis dieser Studie macht mir bewusst, dass auf einer Ebene die Forschung immer noch andauert, da immer wieder neue und interessante Fragen auftauchen. Diese Studie schuf eine fruchtbare Basis, von der aus neue musiktherapeutische Einsichten und Theorien in der Arbeit mit psychotischen Patienten und auch mit anderen Patienten, deren Symbolisierungsfunktion beeinträchtigt ist, entwickelt oder untersucht werden können.

Diese Studie ist nicht zu Ende, sie ist vielmehr wie eine Phrase, die die Vergangenheit mit der Zukunft verbindet. Dies ist mit der Stille vergleichbar, die man nur fühlen kann, wenn es einen Zusammenhang mit dem gibt, was vorher war und wo, was vorher geklungen hat, weiter klingt. Innerhalb der überbrückenden Spannung der Phrasierung existiert eine Zeitbrücke, die die Vergangenheit mit der andauernden Musik verbindet, die einen Neubeginn möglich macht. Etwas aus dieser Studie muss sich für die Zukunft herausbilden, so dass andere Musiktherapeuten das, was sie in dieser Studie gelernt haben, übernehmen können, um sich über ihre eigene Arbeit zu verständigen. Es wäre zu wünschen, dass auch zukünftig Forschung unternommen würde, die die innere Welt der psychiatrischen Patienten erforscht und auf diese Weise die Entwicklung der Theorie der Musiktherapie und der klinischen Anwendungen weiterführt.

Übersetzung: Monika Nöcker-Ribaupierre und Ute Rentmeister

Wirksamkeit von Musiktherapie bei Schizophrenie
Eine Übersichtsarbeit von randomisierten Studien

Christian Gold

Ich möchte in diesem Vortrag einen Überblick über die Ergebnisse einer Meta-Analyse geben, die ich, zusammen mit drei Koautoren, im vorigen Jahr publiziert habe und die zum ersten Mal mit methodisch strengen Kriterien die Wirksamkeit von Musiktherapie bei Patienten mit psychotischen Störungen belegt. Ich freue mich über die Gelegenheit, diese Arbeit in diesem Rahmen einem musiktherapeutischen Publikum vorstellen zu dürfen. Wir haben die Arbeit in einer medizinischen Datenbank (der Cochrane Library) veröffentlicht, da diese von einer breiten Gruppe von klinischen und auch gesundheitspolitischen Entscheidungsträgern gelesen und beachtet wird – aber das birgt natürlich das Dilemma, dass Musiktherapeuten es dann möglicherweise nicht ohne weiteres wahrnehmen. Ich möchte hier zum einen die Ergebnisse dieser Arbeit skizzieren und erläutern, aber vor allem auch diskutieren, welche Bedeutung diese Ergebnisse für Musiktherapeuten haben oder haben können.

Begriffsklärung und Kontext

Zunächst einige Worte zur Begriffsklärung: Was bedeutet eigentlich „Übersichtsarbeit von randomisierten Studien"? In den letzten Jahren ist das Schlagwort der sogenannten „evidenzbasierte Medizin" (oder auch „evidenzbasierten Praxis", um auch Nicht-Medizinisches explizit zu umfassen) in vielen europäischen Ländern zu einem zentralen Begriff in der gesundheitspolitischen Diskussion geworden – wenn auch von Land zu Land in unterschiedlichem Tempo und Ausmaß. In Großbritannien wohl am ausgeprägtesten, in Österreich sehr viel weniger, Norwegen und Deutschland liegen dazwischen. Eigentlich ist es ja ein Unwort: Man kann eine Behandlung natürlich nicht auf einem Wirksamkeitsnachweis *basieren* – man kann sie nur auf einer Theorie basieren und anschließend auf ihre Wirksamkeit *überprüfen*. Ein sympathischeres Wort wäre vielleicht „evidenzgestützte" Medizin (das Wort ist mir einmal auf einer österreichischen Internetseite begegnet). Wie auch immer, das erstere hat sich durchgesetzt und die (an und für sich keineswegs neue) Forderung nach Wirksamkeitsnachweis verstärkt ins Licht gerückt.
Ein wesentliches Kriterium bei der Beurteilung eines Wirksamkeitsnachweises ist das Studiendesign. Man kann logisch begründen, warum eine kontrollierte Studie verlässlichere Ergebnisse ergibt als eine Studie ohne Kontrollgruppe und ebenso, warum eine randomisierte (d. h. dem Gesetz des Zufalls folgende) Zuteilung zu Experimental- und Kontrollgruppe (zumindest bei großen Stichproben) besser ist als eine nicht randomisierte. Ebenso ist eine vollständige Übersicht aller Studien einer Art verlässlicher als eine einzelne Studie. Aus diesen Überlegungen leitet sich

eine sogenannte „Hierarchie der Evidenz“ ab, wie sie in letzter Zeit in den meisten klinischen Leitlinien verwendet wird. Die höchste Stufe auf dieser Hierarchie ist eine systematische Übersicht von randomisierten Studien, wie wir sie für Musiktherapie bei Schizophrenie durchgeführt haben. Eine solche existierte bisher nicht. (Die Begriffe systematische Übersicht/Systematic Review und Meta-Analyse werden häufig synonym verwendet, sie legen lediglich unterschiedliche Betonung auf den Selektionsprozess einerseits bzw. die statistische Zusammenfassung andererseits.) Der Begriff „Cochrane Review“ kennzeichnet lediglich eine Meta-Analyse, die in der „Cochrane Database of Systematic Reviews“ publiziert wurde. Diese stellt zwar besonders strenge methodische Anforderungen, ist aber ansonsten wie eine elektronische Zeitschrift zu verstehen und beinhaltet keine besondere eigenständige oder andersartige Methodik. Die hier berichtete Meta-Analyse wurde dort publiziert (Gold et al. 2005).

Es gab wie erwähnt bisher keine Meta-Analyse von randomisierten Studien, aber andere, weniger systematische (oder weniger strenge) Übersichten gab es bereits: Aus den USA kam eine Meta-Analyse, in der die Wirkung von Musik bei psychotischen Patienten untersucht wurde (Silverman 2003). Das Ergebnis war positiv, aber recht unspezifisch: Zum einen wurde zwischen Musiktherapie und einfachem Musikhören nicht klar unterschieden, so dass die Aussage nur lautete, Musik habe eine positive Wirkung. Zum anderen war die Art des Studiendesigns und dadurch die Gültigkeit der Ergebnisse bei vielen inkludierten Studien nicht klar. Ein Beispiel für einen traditionelleren, „narrativen“ Review ist der Artikel von Oerter et al. (2001) über den Stand der Forschung im allgemeinen. Hier wurden bisherige Studien narrativ zusammengefasst, ohne einen Versuch der Kategorisierung oder statistischen Zusammenfassung. Die beiden erwähnten Arbeiten hatten für unsere Meta-Analyse vor allem den Wert, als Quelle für mögliche zu inkludierende Studien zu dienen.

Einschlusskriterien

Für unseren Review war das Ziel, alle Arten von Musiktherapie in allen Ländern und Settings zu inkludieren. Für die Einschlusskriterien war daher zunächst wichtig, eine gute Definition von Musiktherapie zu finden, die einerseits breit genug ist, um alles das zu inkludieren, was wir Musiktherapie nennen, andererseits spezifisch genug, um Musikmedizin oder andere Anwendungen von „nur Musik“ auszuschließen. Die folgende Definition von Bruscia (1998) erschien uns am besten geeignet:

„Music therapy is a systematic process of intervention wherein the therapist helps the client to promote health, using musical experiences and the relationships that develop through them as dynamic forces of change.“

Ob eine Studie unsere Minimalkriterien für den Einschluss erfüllte, wurde jeweils von mehreren Koautoren beurteilt. Dies war wichtig, weil bei der Extraktion der Daten notwendigerweise einiges an Interpretation erforderlich ist. Häufig auch einige Kreativität und „zwischen den Zeilen Lesen“.

Weiterhin wurden nur RCTs (randomisierte Studien, die Abkürzung steht für randomised controlled trial) von guter oder mindestens ausreichender Qualität berücksichtigt (die einzelnen Qualitätskriterien sind in Gold et al. 2005 genau beschrieben). Die Probanden mussten Schizophrenie oder eine andere psychotische Störung haben. Musiktherapie, eventuell als Zusatz zu einer „Standardbehandlung", musste einem Teil der Probanden angeboten werden; als Vergleich konnte etwa die Standardbehandlung alleine dienen. Eine Liste von klinisch relevanten Zielvariablen (Outcomes) wurde ebenfalls vorab definiert, wobei für kontinuierliche Variablen nur publizierte Skalen verwendet werden durften.

Auswahl der Studien

34 potentiell relevante Studien wurden näher begutachtet. Davon wurden folgende ausgeschlossen: 20 waren keine RCTs (7 CCTs – controlled clinical trials/nicht-randomisierte kontrollierte Studien, 10 unkontrollierte Prä-post-Studien, 3 Einzelfallstudien). 4 weitere Studien waren nicht über Musiktherapie, sondern verwendeten nur Musik alleine (3 Musikhören, 1 Karaokesingen). 2 weitere Studien verwendeten andere Therapieformen (z. B. Tanztherapie), 2 weitere hatten keine adäquaten Outcomes. 2 unpublizierte Studien waren uns (bis jetzt) nicht zugänglich. Somit blieben 4 Studien übrig und konnten im Review inkludiert werden.

Beschreibung der inkludierten Studien

Von den vier inkludierten Studien waren zwei aus Europa und zwei aus China. Die zwei europäischen Studien waren aus England und aus den Niederlanden. Sie waren ganz neu und noch nicht publiziert, aber die Autoren stellten mir freundlicherweise ihre Daten zur Verfügung. Es fällt auf, dass keine amerikanische Studie die Einschlusskriterien erfüllte.

Die Stichprobengröße je Studie lag zwischen 37 und 81. Alle Studien wurden in einem stationären Rahmen durchgeführt. Musiktherapie wurde entweder im Einzel- oder im Gruppensetting durchgeführt (in einer Studie auch beides kombiniert). Die angebotene Musiktherapie beinhaltete in allen Studien sowohl aktive als auch rezeptive Techniken – wenn auch in sehr unterschiedlicher Gewichtung. Die Behandlung ging über einen kurzen bis mittleren Zeitraum (1–3 Monate). Die Anzahl der Therapiestunden variierte beträchtlich, zwischen 7 und 78 Einheiten – dies bedeutet, dass die Stunden in einem Teil der Studien täglich stattfanden.

Ergebnisse

Die erste Variable betraf den Gesamtzustand der Patienten. Dies wurde von einem Psychiater mit Hilfe einer standardisierten Skala beurteilt, die anschließend dichotomisiert (also in nur zwei Kategorien – „verbessert" versus „nicht verbessert" eingeteilt) wurde. Ergebnisse für diese Variable lagen von einer Studie mit 72 Probanden vor und zeigten, dass sich in der Kontrollgruppe 22 von 31 *nicht* verbesserten, mit Musiktherapie lediglich 3 von 41. Dies ergab ein relatives Risiko von 0.10 (Konfidenzintervall: 95% CI 0.03 bis 0.31) und war statistisch signifikant ($p < 0.001$). Die „Number needed to treat" lag bei 2 (CI 1.2 bis 2.2), das bedeutet, dass man zwei Patienten Musiktherapie geben muss, damit einer etwas davon hat. (In Medikamentenstudien findet man häufig eine viel höhere Zahl, es ist also ein sehr gutes Ergebnis.) Das so dargestellte Ergebnis einer binären Zielvariablen ist recht einfach zu verstehen, und das mag einer der Gründe sein, warum binäre Zielvariablen bei manchen Forschern sehr beliebt sind. Eine Sache, die ich aus dem Reviewprozess dieser Arbeit gelernt habe, ist, dass vor allem medizinisch bzw. biologisch orientierte Forscher solche einfachen binären Outcomes offenbar bevorzugen, während sie mit psychologischen Skalen gemessenen kontinuierlichen Outcomes eher skeptisch gegenüberstehen. Dies ist ein deutlicher Unterschied vor allem zur psychologischen Forschung, wo Skalen eine wichtige Rolle spielen; es spiegelt außerdem auch grundsätzliche Unterschiede im Verständnis von psychischer Gesundheit und Krankheit als einem Kontinuum einerseits oder distinkten Zuständen andererseits wider. Es ist hier nicht der Platz, um auf diese Überlegungen näher einzugehen. Für die Ergebnisse der vorliegenden Arbeit machte es keinen Unterschied, welche Sorte Zielvariable man für wichtiger hält – beide zeigten für die Musiktherapie im Vergleich mit Standardbehandlung äußerst positive Ergebnisse.

Zu den kontinuierlichen Outcomes: Negative Symptome der Schizophrenie (gemessen mit der SANS-Skala, Scale for the Assessment of Negative Symptoms) wurden in drei der vier Studien untersucht. Hier zeigten sich deutliche Unterschiede zwischen den Ergebnissen der einzelnen Studien, die aber zumindest teilweise durch die Unterschiede in der Intensität (Stundenanzahl) der Musiktherapie erklärbar waren. Wir hatten im Vorhinein die Zahl von 20 Stunden als einen Grenzwert definiert. Aufgrund dieses Grenzwerts konnte man sagen, dass Musiktherapie mit 20 oder mehr Stunden einen größeren (und eindeutigeren) Effekt hatte als Musiktherapie mit weniger Stunden.

Bei den übrigen Zielvariablen zeigte sich im Wesentlichen das gleiche Muster: In Studien mit 20 oder mehr Stunden Musiktherapie zeigten alle untersuchten Outcomes (psychiatrische Symptomatik, BPRS-Skala; soziales Funktionsniveau, SDSI-Skala) signifikante und große Effekte. In den Studien mit niedriger Stundenanzahl waren alle Outcomes (psychiatrische Symptomatik, PANSS-Skala; Funktionsniveau, GAF-Skala; Patientenzufriedenheit, CSQ-Skala; Lebensqualität, SPG-Skala) nicht-signifikant und die Effektgrößen waren klein. Die genauen Zahlen sind im Review zu finden (Gold et al. 2005).

Schlussfolgerungen

Die wichtigste Schlussfolgerung aus der Meta-Analyse ist, dass Musiktherapie, als Zusatz zur Standardbehandlung, positive Effekte bei Menschen mit Schizophrenie oder anderen psychotischen Störungen hat. Die Effekte von Musiktherapie zeigten sich hinsichtlich des Gesamtzustands, des psychischen Zustands (allgemeine und negative Symptome der Schizophrenie) und des sozialen Funktionsniveaus. Eine ausreichende Anzahl von Stunden ist von entscheidender Bedeutung.

Klinische Interpretation

Hinsichtlich der klinischen Interpretation der Ergebnisse erscheint mir der Effekt auf die negativen Symptome besonders erwähnenswert. Nicht nur, weil sich diese (im Gegensatz zu positiven Symptomen) mit Medikamenten kaum verbessern lassen. Negativsymptomatik besteht aus Dingen wie Mangel an Motivation und Interesse, mangelnde Beziehungsfähigkeit, und mangelnde Affektivität – die direkte Verbindung zu Inhalten der Musiktherapie scheint da geradezu auf der Hand zu liegen.
Eine zweite Frage, die sich in der klinischen Interpretation ergibt, ist die nach der nötigen Anzahl Einheiten für den einzelnen Patienten. Hier muss man beachten, dass Gruppenstudien immer für eine Patienten*population* Gültigkeit haben, nicht für den einzelnen Patienten. Die Stundenzahl, die ein Patient in einer Musiktherapie braucht, wird sicher individuell variieren. Dennoch ist es eine wichtige Botschaft dieser Arbeit, dass therapeutische Veränderung nicht beliebig schnell geht, sondern eine gewisse Zeit (und Stundenanzahl) braucht.

Implikationen für die Forschung

Es ergeben sich mehrere Perspektiven für zukünftige Forschung: Zum einen wären Studien wichtig, die den Zusammenhang zwischen „Dosis" und Wirkung weiter untersuchen. Es muss bedacht werden, dass keine der inkludierten Studien verschiedene Intensitätsstufen direkt miteinander verglich (und Patienten zu diesen randomisierte). Das Ergebnis der Arbeit, dass mehr Stunden einen größeren Effekt haben, basiert ausschließlich auf einem Vergleich zwischen verschiedenen Studien und muss daher als vorläufig betrachtet werden. Es wäre wünschenswert, dies genauer zu erforschen.
Eine zweite Perspektive für zukünftige Forschung ist die der Langzeiteffekte. Aus dieser Arbeit kennt man nur die Effekte von Musiktherapie über einen Zeitraum von bis zu drei Monaten. Langzeitstudien wären sinnvoll und wichtig, sowohl aufgrund der meist chronischen Entwicklung der Schizophrenie, als auch, weil Musiktherapie in der klinischen Arbeit oft über einen längeren Zeitraum geht. Allerdings sind Langzeitstudien, besonders randomisierte Langzeitstudien, sehr schwierig durchzuführen.
Eine generelle Forderung an zukünftige Studien in diesem Bereich ist, dass sie die zur Verfügung stehenden methodischen Richtlinien beachten sollten, um die Qualität und Transparenz der Forschungsergebnisse zu sichern. Für randomisierte Studien ist das vor allem das CONSORT-Statement; es gibt eine Reihe ähnlicher Leitlinien für andere Studiendesigns. Diese Aufforderung geht vor allem auch an die

Herausgeber wissenschaftlicher Zeitschriften. Beim Nordic Journal of Music Therapy wird die Verwendung der Leitlinien von den Autoren ausdrücklich begrüßt. (Links zu diversen Leitlinien finden sich in den Guidelines for Authors auf www.njmt.no; siehe auch das Editorial von Gold & Stige 2005.)

Die Ergebnisse des Reviews waren auch für uns selbst wichtig in der Entwicklung des Studiendesigns für eine randomisierte Multicenterstudie, die wir zurzeit durchführen: Vor allem konnten wir aufgrund der Effektgrößen des Reviews die benötigte Stichprobengröße für die Studie abschätzen. Außerdem haben wir uns aufgrund des festgestellten Einflusses der Stundenanzahl entschieden, Musiktherapie in unserer Studie zweimal statt einmal pro Woche anzubieten. Darüber hinaus berücksichtigen wir weitere Elemente, die in den bisherigen Studien zu wenig vorkamen, wie etwa die Frage, welchen therapeutischen Prinzipien die Therapie folgt, oder welche frühen Veränderungen im Therapieprozess eine Mediatorfunktion für das spätere Ergebnis haben. Die Studie wird an mehreren norwegischen Psychiatrien und psychiatrischen Abteilungen durchgeführt (siehe die Projekthomepage auf www.hisf.no/~chrisgol/rct).

Einige abschließende Reflektionen

Wofür war diese Arbeit wichtig? Was zeigt diese Meta-Analyse, das nicht schon aus den einzelnen Studien hervorging? Vor allem die Verlässlichkeit der Ergebnisse ist ein wichtiger Punkt: Durch die Replizierung einer Studie zeigt sich, ob die Ergebnisse vertrauenswürdig sind und andernorts bestätigt werden können. Unsere gründliche Suchstrategie sowie die expliziten Einschlusskriterien (besonders hinsichtlich Studiendesign) waren ebenfalls wichtig, um die Verlässlichkeit der Ergebnisse zu sichern. Der zweite Punkt ist die Generalisierbarkeit, also die Gültigkeit jenseits der speziellen Rahmenbedingungen der einzelnen Studien. Unser Review zeigte, dass die Ergebnisse in verschiedenen Intensitätsstufen (7 bis 78 Stunden, eine bis sechs Stunden pro Woche), Settings (Gruppe, Einzel, kombiniert) und Kulturräumen (Europa, China) Gültigkeit besitzen. (Zurückgreifend auf die im Anfang dargestellten Hierarchiestufen der Evidenz erklären diese Punkte, warum ein Systematic Review von RCTs im Allgemeinen höher eingestuft wird als ein einzelner RCT.)

Unsere Meta-Analyse hat unmittelbar nach der Publikation im April 2005 einiges Medienecho verursacht. In Norwegen gab es eine Radioreportage und mehrere Zeitungsartikel zu diesem Thema. International haben verschiedene Internetpublikationen darauf reagiert. Beispielsweise brachte die britische Internetzeitschrift MedicalNewsToday.com einen Artikel mit dem Titel „Music therapy can help people with schizophrenia“. Die amerikanische Website Schizophrenia.com (eine für Patienten und Angehörige gedachte Ratgeberplattform mit deutlich biologistischer Schlagseite) reagierte ebenfalls auf bemerkenswerte Weise. Vor unserem Cochrane Review hatten die Redakteure nur Sarkastisches über Musiktherapie zu sagen (wie etwa „music listening sounds good...“) und platzierten sie unter einer

Kategorie mit dem Titel „Disproven (or Unproven) & Overmarketed ‚Schizophrenia Treatments'". Nachher finden sich in der Beschreibung Begriffe wie „psychotherapy" und „improvisation", und Musiktherapie ist immerhin in die Kategorie „Schizophrenia Treatments that are Showing some Early Positive Results" aufgerückt („Schizophrenia Treatments" diesmal ohne die ironisierenden Anführungszeichen). Für die soeben neu erschienene deutsche Schizophrenie-Leitlinie kam unser Review zu spät, aber immerhin sind einige der inkludierten Studien – und damit die Musiktherapie selbst – erstmals erwähnt. Für die nächste Version, die in wenigen Jahren erscheinen soll, ist (hoffentlich) zu erwarten, dass Musiktherapie aufgrund unseres Reviews noch stärker erwähnt wird.

Die vollständigen Ergebnisse sowie die dazu gehörenden grafischen Darstellungen sind im publizierten Review enthalten. Dieser ist auf www.thecochranelibrary.com sowie auf der Homepage des Autors, www.hisf.no/~chrisgol, zu finden.

„Wie das Kaninchen der Schlange entkommt"
Musiktherapie zwischen Rehabilitierung und Chronifizierung

Walter Tröbinger

Einleitung

Im Folgenden geht es um die Darstellung der musiktherapeutischen Arbeit in einer psychiatrischen Reha-Einrichtung. Ich möchte versuchen, die Musiktherapie in der Praxis dieses speziellen Arbeitsfeldes in den Mittelpunkt meiner Betrachtungen zu stellen. Dabei soll der Blickwinkel sowohl auf die fallbezogene Arbeit mit den Klienten, als auch im zweiten Teil auf Bedingungen und Gegebenheiten der Zusammenarbeit in einem multiprofessionellen Team gerichtet sein.

In die Einrichtung, die später noch genauer dargestellt wird, kommen Menschen mit Psychosen unterschiedlicher Ausformungen, schwerpunktmäßig aus dem schizophrenen Formenkreis, aber auch mit anderen Diagnosen wie affektiven Erkrankungen, Borderline- und anderen Persönlichkeitsstörungen, Zwangs- und Angststörungen. Die Einrichtung ist in drei Bereiche unterteilt: Einen stationären Bereich für Erwachsene, einen ebenfalls stationären Bereich für Jugendliche und junge Erwachsene ab 15 Jahren, sowie einen ambulant/teilstationären Bereich.

Eine Rehabilitierung könnte so aussehen, dass es nach einem ein- bis dreijährigen Aufenthalt in der Einrichtung gelingt, den Klienten soweit zu stabilisieren, dass es ihm wieder möglich ist, sein Leben weitgehend selbständig zu organisieren. Er ist beispielsweise, im Sinne einer „sozialen Remission" (Brunnhuber & Lieb 2000, 109) in der Lage, in einer eigenen Wohnung zu wohnen, wieder einer regelmäßigen Erwerbsarbeit ganz oder teilweise nachzugehen oder eine berufliche Ausbildung in Angriff zu nehmen.

Eine Chronifizierung könnte bedeuten, dass es aufgrund von Rückfällen und ausgeprägter Residual-Symptomatik dem Klienten nicht gelingt, ausreichende psychische Stabilität und Belastbarkeit zu erlangen, so dass ein annähernd selbständiges Leben nicht möglich ist. In vielen Fällen bleibt dann nur der Weg in eine Langzeiteinrichtung.

Kaninchen und Schlange

Für viele – und ganz besonders für jüngere Menschen – bedeutet eine psychiatrische Erkrankung zunächst einen Schock. Ihr Leben gerät oft völlig unerwartet und unaufhaltsam aus den Fugen, nichts ist mehr so, wie es einmal war. Alles wird von der Krankheit beherrscht und bestimmt. Betroffene fühlen sich ihr hilflos ausgeliefert, wie einem Monster oder Phantom, das zunächst nicht begreifbar oder handhabbar, aber auch nicht wieder abzuschütteln oder auf andere Weise loszuwerden ist. Das damit verbundene Gefühl der lähmenden Ohnmacht und des Ausgeliefertseins assoziiert das Bild von einem Kaninchen, das vor einer übermächtigen Schlange sitzt und das in dem Moment, in dem es erkennt, dass es nicht mehr fliehen kann, erst einmal erstarrt.

Es folgen Verleugnen und Nicht-Wahrhaben-Können. Fehlende Krankheitseinsicht und keine Verantwortung übernehmen zu wollen, so wie der Wunsch oder die Forderung, das richtige Medikament zu bekommen, das die Krankheit verschwinden lässt und alle Probleme löst, sind sehr verbreitete Reaktionen. Ein Kampf beginnt: Auflehnung im Wechsel mit Resignation. Im positiven Fall folgt vielleicht irgendwann eine schrittweise Auseinandersetzung, ein langsames Verstehen und Annehmen.

In einer solchen oder ähnlichen psychischen Verfassung begegnen uns viele Menschen in psychiatrischen Einrichtungen und es stellt sich nun die Frage, welche Rolle die Musiktherapie in dieser Dynamik spielen kann.

Um uns dieser Frage zu nähern, bietet sich das klassische Bild des Beziehungsdreiecks im musiktherapeutischen Setting an. Lassen Sie uns dieses Dreieck einen Moment von verschiedenen Ebenen aus betrachten:

Graphik 1: Dreiecke

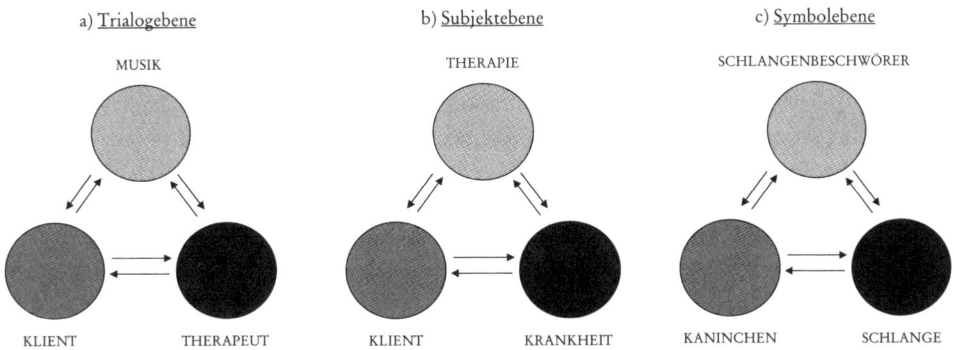

Dreieck a: Trialogebene im Musiktherapie-Setting: Klient – Therapeut – Musik
Dreieck b: Subjektebene des Klienten: Klient – Krankheit – Therapie
Dreieck c: Symbolebene: Kaninchen – Schlange – Schlangenbeschwörer

Wenn wir uns nun vorzustellen versuchen, dass sich ein Klient angesichts seiner Psychose wie das sprichwörtliche Kaninchen vor der Schlange fühlt, dann mag dies zunächst bei uns einen ziemlich aussichtslosen, entmutigenden Eindruck hinterlassen. Zu übermächtig scheinen doch die Kräfteverhältnisse zugunsten der das Bild beherrschenden Schlange zu sein, zu gering die Chancen des Kaninchens, zu entkommen oder den ungleichen Kampf zu gewinnen. Auf der linearen Ebene ist die Situation denn auch denkbar klar: Treffen Kaninchen und Schlange aufeinander, dann wird in den meisten Fällen die Schlange das Kaninchen fressen. Dieses Szenario würde etwa dem Bild einer Psychose ohne Behandlung entsprechen oder auch den Anfängen der Psychiatrie, als noch keine adäquaten Behandlungsmöglichkeiten zur Verfügung standen.

Ein solches Ungleichgewicht ruft fast zwangsläufig eine dritte Dimension in der Figur des Schlangenbeschwörers auf den Plan. Was kann er tun, um dem Kaninchen beizustehen? Zwei Dinge fallen uns spontan ein: Er hat die Musik, mit der er ganz offensichtlich eine unwiderstehliche Wirkung auf die Schlange ausüben kann. Aber auch sein Wissen um die Natur und die Geheimnisse der Schlange könnten ihm bei seiner Arbeit einen entscheidenden Vorteil verschaffen.

Lassen Sie uns dieses geheimnisvolle Tier etwas genauer betrachten, um ihm auf die Spur zu kommen. Die Schlange hat in der Mythologie einen ganz besonderen Stellenwert. Sie ist bei fast allen Völkern der Erde anzutreffen und die Quellen reichen zurück bis in die Urzeiten der Menschheitsgeschichte. Von Adam und Eva im Paradies bis hin zu den Märchen der Welt spielt die Schlange oft eine zentrale Rolle und steht dabei für das Abgründig-Dämonische, Verschlingende und Zerstörende gleichermaßen, wie für das Heilende, urmütterlich Gebärende und Verwandelnde oder die Wiedergeburt. Mindestens ebenso vielfältig sind auch die Emotionen, welche Schlangen bei den Menschen auslösen. Von Ekel, Angst und Schrecken über Vorsicht und Skepsis bis hin zu Neugier, Faszination, ja Verehrung sind alle Empfindungen vorzufinden.

Auch in der Mythologie der Griechen finden wir die Schlangenverehrung. Asklepios, Sohn Apollos und Gott der Heilkunde, wird traditionell mit einer Schlange dargestellt. Einer Sage aus dem antiken Pergamon zufolge sei ein nach damaligen medizinischen Erkenntnissen unheilbar kranker Patient ausgesetzt worden. Der hilflose Mann habe auf wundersame Weise durch den Biss einer Schlange überlebt. Der von der Schlange umringte Äskulapstab gilt bis heute als Sinnbild für die Heilberufe und die Pharmazie (Kerenyi 1987).

In unserem Bild steht der Schlangenbeschwörer für die Berufsgruppe der Helfer in einem Behandlungskontext: Ärzte, Pflegepersonal, Therapeuten, usw.

Wenn wir einen Augenblick im Bild bleiben, sehen wir, dass der Schlangenbeschwörer mit seiner Musik die Aufmerksamkeit der Schlange auf sich zieht. Dies könnte dem Kaninchen die Chance eröffnen, zu entkommen. Oder geht es gar nicht darum zu entkommen? Hat möglicherweise auch die Krankheit – wie die Schlange – mehrere Gesichter? Erweist sich die Schlange am Ende gar als hilfreiches Tier? Liegt eine mögliche Lösung darin, dass das Kaninchen sich mit der Schlange arrangiert, weil es sie nicht abschütteln kann?

(Wie jedes Beispiel hinkt auch dieses, aber das regt zum eigenen Nachdenken an und fordert unsere Kreativität, die wir bei unserer Arbeit sehr gut brauchen können!)

Der Musiktherapeut steht zunächst zwischen dem Klienten und seiner Krankheit. Indem er zu beiden Kontakt aufnimmt, kann er als Vermittler, als „Mittler" aktiv werden, wie Weymann (1999) das in einem Vortrag an diesem Ort einmal dargestellt hat. Die Idee des Mittlers passt hervorragend in unser Bild, denn Vermittlung

tut hier dringend Not, wenn der lähmende Zustand der Erstarrung aufgelöst und Entwicklung wieder möglich werden soll.
Im musiktherapeutischen Setting könnte es gelingen, ein gemeinsames Feld, einen Raum zu schaffen, in welchem die Krankheit etwas von ihrer Bedrohlichkeit verliert. Sie könnte verstehbarer und dadurch handhabbarer werden. Wenn der Klient wieder beginnt, sich mit seinen gesunden Anteilen zu beschäftigen, kann die übermächtige Krankheit phasenweise oder kontinuierlich in den Hintergrund gedrängt werden. Innerer Halt und emotionale Stabilität können wieder gefunden werden, ein Besinnen auf die eigenen Ressourcen wieder Mut zum Leben und damit neue Hoffnung aufkeimen lassen. Schritt für Schritt kann über die therapeutische Beziehung ein Dialog zwischen dem Erkrankten und seiner Krankheit angebahnt werden. In vielen Fällen ist es nicht realistisch, mit einer völligen Remission zu rechnen, so dass die Perspektive ein Leben mit der Krankheit unter bestmöglichen Bedingungen sein muss.
In welche Richtung eine Krankheitsgeschichte und ihre Behandlung verlaufen, hängt von einer Reihe der unterschiedlichsten Faktoren ab. Ob es am Ende in Richtung Chronifizierung oder Rehabilitierung geht und wie das aussehen kann, werden wir uns im Folgenden an zwei Fallbeispielen genauer anschauen.

Fallbeispiel 1

Herr L. (33 Jahre) ist seit ca. acht Jahren an Schizophrenie erkrankt und hat seither mehrere Aufenthalte in psychiatrischen Akutkliniken hinter sich. Bisher stand eine ausgeprägte Minus-Symptomatik mit verminderter Belastbarkeit und geringer Frustrationstoleranz im Vordergrund. Eine depressive Stimmungslage war vorherrschend, begleitet von einer Selbstwertproblematik und mangelnder Abgrenzungsfähigkeit. Die Mutter und der ältere Bruder haben dieselbe Erkrankung. Die Mutter lebt in einer Familienbetreuung. Zum Vater bestand eine starke Bindung. Er war Ratgeber und Halt der Familie. Er starb, als Herr L. 22 Jahre alt war. Die 18 Jahre jüngere Schwester ist gesund und lebt bei Pflegeeltern. Zwischen den Klinikaufenthalten wohnte er mit seinem Bruder zusammen in der elterlichen Wohnung in ambulanter Betreuung. Er wird vom Bruder dominiert und leidet sehr darunter. Wenn der Bruder ins Krankenhaus muss, fühlt sich Herr L. für ihn verantwortlich, was ihn völlig überfordert, so dass er zu trinken beginnt.

Der Klient kommt mit hoher Motivation in die Einrichtung und wird stationär in die Gruppe für junge Erwachsene aufgenommen. Seine Ziele sind, das Studium wieder aufzunehmen und sich voll in das Berufs- und Sozialleben zu integrieren. Von Anfang an zeigt sich eine gewaltige Diskrepanz zwischen Anspruch und Wirklichkeit. Im stationären Alltagsleben der Gruppe kommt er mit niederschwelligen tagesstrukturierenden Maßnahmen nicht zurecht. Diese kränkende Erfahrung versucht er zu kaschieren, indem er die Tätigkeiten abwertet. Werden allerdings die Anforderungen erhöht, treten psychotische Symptome auf. Eine vorgesehene

Gruppentherapie bricht er nach wenigen Versuchen ab, weil er die Gruppe nicht aushalten kann. Er sagt, er habe keinen eigenen Raum. Hauptprobleme sind seine starke Beeinflussbarkeit verbunden mit der Angst, manipuliert und fremdgesteuert, die Tendenz, überflutet zu werden, die Ich-Grenzen nicht halten zu können, sowie eine extreme Konfliktscheue, welche dazu führt, dass Herr L. bei den geringsten Spannungen in der Gruppe sofort die Flucht ergreift. Daraufhin wird die Indikation für eine Einzel-Musiktherapie gestellt.
In die erste Einzel-Sitzung kommt der Klient mit Ohropax (eine „hervorragende" Voraussetzung für eine Musiktherapie, die mit der Botschaft beginnt: Ich will nichts hören!). Sein Kommentar: Er möchte Ruhe vor der Wohngruppe finden. Er habe den Eindruck, vor einem großen schwarzen Loch zu stehen und wie hypnotisiert hineinzustarren.
Die Ruhe findet er dann erstaunlich schnell. In der dritten Sitzung geht es darum, einen sicheren und geschützten Platz zu finden. Er wählt das Metallophon, spielt verschwimmende Klänge und kehrt immer wieder zum tiefsten Ton zurück, der ihm Halt gibt und auf dem er schließlich zur Ruhe kommt.
In dieser *Anfangsphase* liegt das Augenmerk zunächst auf ich-stützenden, stabilisierenden Interventionen, zumal permanent präpsychotische Tendenzen spürbar sind. Durch zermürbende Selbstzweifel und Fluchttendenzen destabilisiert sich der Klient selbst, sagt Termine ab, bezeichnet sich als „Selbstverhinderer und Brunnenvergifter". Aktivität und Klarheit im Setting wirken sich insgesamt stärkend aus. Verbal kann sich Herr L. sicher und gewandt ausdrücken, mit dem therapeutischen Vokabular geht er versiert um. Auf der nonverbalen, musikalischen Ebene hingegen agiert er deutlich unbeholfener, bewegt sich in Stereotypien, wirkt wenig eigenständig. Das Arbeiten mit Bildern kommt ihm entgegen. Seine Schwierigkeit, mit dem Musiktherapeuten eine therapeutische Beziehung aufzubauen bringt er mit dem Bild der Schwellenangst zum Ausdruck. Er bleibt in der offenen Tür vor der Schwelle stehen und muss sich erst einen inneren Ruck geben, um den Musiktherapieraum zu betreten. Oft möchte er umdrehen und wieder gehen. Aber jetzt gibt er sich immer öfter den Ruck und kommt, weil er hier eine tragfähige „Insel im Sumpf" gefunden hat, die er in schwierigen Phasen aufsuchen und auf der er sich sicher fühlen kann. Die Arbeit an einem festen Fundament unter seinen Füßen bringt zunehmend auch den Beziehungsprozess voran. Herr L. äußert den Wunsch nach einer zweiten Einzelstunde, die er auch bekommt.
In der folgenden *zweiten Phase* der Therapie verdichtet sich der psychodynamische Prozess. Zunehmend treten Themen aus der eigenen Lebensgeschichte in den Vordergrund. In erster Linie geht es dabei um die familiären Beziehungen.
In einer Familienskulptur mit Instrumenten stellt Herr L. sich selbst als Wecker in die Mitte zwischen alle anderen Familienmitgliedern und bezeichnet seine Position als „Flipperkugelposition". Einer Flipperkugel gleich fühlt er sich zwischen allen Familienmitgliedern herumgeschubst, permanent in der Schusslinie zwischen dem lauten, rebellischen Bruder (Schlagzeug) und der psychotischen Mutter (Leier), von allen Seiten als moralische Stütze missbraucht. (Der Vater/Klavier trägt Mut-

ter und Schwester/Rassel.) Dabei fällt eine permanent wechselnde Identifikation mit allen Beteiligten auf. Eine besonders starke Identifikation besteht zur kranken Mutter. Ihr Leben in der Familienbetreuung auf dem Land zieht er auch für sich als Perspektive in Betracht, falls es mit dem Leben in der Stadt und mit dem Studium doch nichts werden sollte. In der Gegenübertragung spüre ich den sehnsuchtsvollen, sogartigen Wunsch, ihr nachzufolgen, um endlich Frieden zu finden und alle Lasten los zu sein.

Einlassen und Abgrenzen

Sich einzulassen stellt eine der größten Herausforderungen für Herrn L. dar. Nach Fortschritten folgen häufig Rückschritte und Infragestellungen. Die therapeutische Beziehung fühlt sich nicht an wie etwas Verlässliches, sondern wie etwas Vorläufiges und Unverbindliches trotz aller Intensität, die zwischendurch entsteht.

Dies wird auch auf musikalischer Ebene sichtbar. Anfangs meidet der Klient die Instrumente, empfindet sie als emotional zu nah oder hat hohe Ansprüche, möchte toll spielen und erträgt nicht die Konfrontation mit der Realität, wenn es „nicht so toll klingt". Inzwischen lässt er sich aber zunehmend darauf ein. So inszeniert sich beispielsweise ein akuter Konflikt mit seinem Bruder, der von ihm verlangt, wieder in einer gemeinsamen Wohnung zu wohnen, folgendermaßen: Dem Bruder weist er das Schlagzeug zu, während er für sich das Glockenspiel wählt. Die Musik muss gar nicht erst beginnen, um erkennen zu können, dass er so keine Chance hat. Er entscheidet sich für das Klavier, spielt erst zaghaft, dann mutiger und bearbeitet schließlich das Instrument mit den Fäusten. Nach abruptem Ende stellt er fest, dass er sich auf die Ebene des Bruders begeben habe und so nicht lange durchhalten könne. In der Folge können eigene, ihm angemessenere Strategien erarbeitet werden, eine zunehmende Distanzierung zum Bruder wird möglich.

Auf die Identitätsproblematik bei der Schizophrenie und die damit verbundene Störung der Ich-Grenze werde ich später noch eingehen.

Zur Rolle des Vaters

Der Vater nimmt für Herrn L. in der Familie eine Sonderstellung ein. Immer wenn er von ihm spricht, hellt sich seine Stimmung auf, er wird zuversichtlicher und hoffnungsvoller. Er beschreibt den Vater als einen warmherzigen und humorvollen Menschen, der es verstanden habe, das Leben zu genießen. Er sei sehr gesellig und beliebt gewesen, habe Ansehen genossen und sei oft um Rat gefragt worden. In der Familie sei er wie ein Spielführer im Fußball gewesen, er habe sich an ihm orientieren können.

In der 25. Sitzung schildert Herr L. ausführlich den Tod des Vaters, den er hautnah miterlebt hat. Darüber habe er bisher noch mit niemandem gesprochen. Es sei die schlimmste Zeit in seinem Leben gewesen. Dieses Ereignis habe bei ihm damals im Alter von 22 Jahren den ersten psychotischen Schub ausgelöst.

Eine Phase intensiver Trauerarbeit schließt sich an. (Auch darüber wird später noch zu reden sein.) Diese zunehmend emotionaler werdende Arbeit empfindet Herr L. zwar als sehr anstrengend, aber er lässt sich darauf ein und zieht sichtlich Nutzen daraus. Seine Stimmung bessert sich, er wird unternehmungsfreudiger, baut private Kontakte zu Mitklienten auf. In seiner Selbsteinschätzung wird er realistischer, seine Ziele sind nicht mehr so hochgesteckt und entfernt. Er spüre mehr Distanz zur Mutter, fühle sich nicht mehr so für sie verantwortlich. Auch mit dem Bruder habe er inzwischen die Fronten geklärt. Er wolle sich den Vater zum Vorbild nehmen, fühle sich ihm in vielen Punkten ähnlich. Insgesamt ist eine Aufbruchsstimmung zu spüren, verbunden mit dem Willen, etwas in seinem Leben zu verändern und wieder mit Zuversicht nach vorne zu blicken. Diese Stimmung findet in der 35. Sitzung in einer *Musik am Klavier in C-Dur* ihren Ausdruck. Eine frische, zusammenhängende und strukturierte Musik erklingt, wie ich sie von Herrn L. so noch nicht zu hören bekam.

Die *dritte Phase* der Therapie beginnt mit einem Stimmungseinbruch. Auslöser ist der Suizidversuch einer ihm nahe stehenden Mitklientin. Dieses Erlebnis stellt eine Reinszenierung einer ganzen Reihe von Suizidversuchen im Laufe seiner Lebensgeschichte dar, von denen er direkt oder indirekt betroffen war. Er selbst wollte sich einmal das Leben nehmen, „das Licht ausknipsen", wie er es formulierte. Beim Selbsttötungsversuch des Bruders war er es, der in Panik den Notarzt alarmierte. Außerdem war seine Mutter, als er noch ein Kind war, unter mysteriösen Umständen vom Balkon des zweiten Stocks gestürzt.

Mit dem Ereignis und der darauf folgenden Dekompensierung wird eine Kehrtwende in der bisherigen Entwicklungsdynamik eingeleitet, welche bis zur Entlassung von Herrn L. nicht wieder aufgefangen werden kann. Die psychotische Symptomatik wird stärker, damit verbunden steigt die psychische Labilität wieder an. Er nimmt seine Termine nicht wahr, begründet das mit kindlicher Trotzreaktion, flüchtet in die Regression. Auf meine urlaubsbedingte Abwesenheit reagiert er gekränkt und verärgert, fühlt sich im Stich gelassen. Er droht mit Kündigung, will die Einrichtung verlassen, beendet vorzeitig die Sitzung. Bezogen auf das anfangs beschriebene Bild könnten wir sagen, das Kaninchen sieht sich vom Schlangenbeschwörer im Stich gelassen. Jetzt sitzt es der Schlange wieder alleine gegenüber und reagiert mit dem gesamten, im Augenblick zu Verfügung stehenden Programm von Todesangst und Überlebenskampf. Auch eine Abschiedsrede hat er sich überlegt: „Liebe Leut, i geh heut. Aber seid mir net z'wider, in zwoa Jahr komm i wieder...".

In diesem kurzen Vers steckt die ganze Tragik seiner psychischen Verfassung. Er möchte weg, sich im übertragenen Sinne von der belastenden Vergangenheit lösen, spürt aber angesichts wiederkehrender traumatischer Erlebnisse, dass er es nicht schafft, ihr zu entfliehen, dass die Vergangenheit im Gegenteil ihn immer wieder einholt.

Bisher ist es ihm gelungen, durch ein halt- und strukturgebendes therapeutisches Setting und entlastende emotionale Arbeit eine Atmosphäre der Hoffnung aufzubauen, in der er Pläne und Visionen schmieden konnte. Das verlieh ihm Halt und

Stabilität. Doch jetzt muss er erkennen, wie fragil und anfällig seine psychische Befindlichkeit bei größerer Belastung noch ist und wie schnell seine Frustrationstoleranz in sich zusammenbricht. Unter diesen Voraussetzungen sind seine angestrebten Ziele auf absehbare Zeit wohl nicht erreichbar. Er ist derzeit weder in der Lage selbständig zu wohnen, noch ein Studium oder eine Ausbildung in Angriff zu nehmen. Die realistische Perspektive sieht ganz anders aus: Eine Folgeeinrichtung für die Zeit nach der Rehabilitation muss gefunden werden, und da kommt im Augenblick nur eine psychiatrische Langzeiteinrichtung in Frage. Zunächst wehrt er sich gegen diese Vorstellung, doch nachdem sich eine konkrete Möglichkeit ergibt, die es ihm erlaubt, in der Umgebung zu bleiben und seine sozialen Kontakte weiterpflegen zu können, kann er in einem solchen Schritt auch Vorteile erkennen.

Nach 17-monatigem Aufenthalt zieht Herr L. in die Langzeiteinrichtung um. In einer abschließenden Sitzung äußert er den Wunsch, die „Moldau" zu hören. Er möchte es sich angenehm und behaglich machen, legt sich hin und rollt sich in eine Decke ein. Was er jetzt brauche, sei Rückzug, Natur, Balsam für die Seele. Er wolle seine Ruhe haben.

Nachbetrachtung

Hat die Schlange gesiegt? Wie geht es weiter? So einfach ist diese Frage nicht zu beantworten.

Es gibt in diesem Fall sicherlich einige Indizien, die auf eine ungünstige Prognose hinweisen, wobei eine solche Prognose grundsätzlich als schwierig angesehen wird und der weitere Verlauf von vielen teils unvorhersehbaren Faktoren abhängt. Oft kommt es nach jahrelangem Aufenthalt in Langzeiteinrichtungen zu unerwarteten Veränderungen.

Als ungünstig muss die Krankheitshäufung in der Familie angesehen werden. Das damit verbundene hochgradig instabile familiäre Umfeld reicht zurück bis in die Kindheit des Klienten und stellt sicherlich einen kaum zu kompensierenden belastenden Faktor dar („broken home"). Auch den frühen Tod des Vaters möchte ich erwähnen. Der Vater wäre Identifikations- und Orientierungsfigur gewesen, der Klient hätte sich über ihn mit seinen gesunden, lebenstüchtigen Anteilen in Verbindung setzen können. Dem „Prinzip Vater" wird außerdem die Dimension der Grenzsetzung und Rahmengestaltung zugeschrieben (T. Piegler 2001), ohne die die schwierige Balance zwischen emotionalem Sich-Einlassen und dabei in der Beziehung die Ich-Grenzen nicht zu verlieren – wie wir gesehen haben – sehr schwer zu finden und umzusetzen ist. Diese Rolle kann in einem stationären Setting zum Teil vom therapeutischen Team übernommen werden, indem es den Rahmen immer verlässlich und sicher aufrechterhält. Vor diesem Hintergrund können wir verstehen, weshalb der Klient auf Veränderungen der Rahmenbedingungen (Urlaub der Bezugspersonen) derart heftig reagiert.

Es gibt aber auch Aspekte, die positiv zu bewerten sind: Er hat sich einige stabile Beziehungen aufgebaut, die er weiterpflegen möchte. Krankheitseinsicht und An-

näherung an die Realität haben stattgefunden. Und nicht zuletzt kann der bewusste und aktive Rückzug in ein ruhigeres Umfeld als sinnvolle Coping-Strategie interpretiert werden. Auch die Regression wird in diesem Zusammenhang als psychodynamischer Vorgang zum Schutz vor einer Überflutung des Ich durch psychotische Inhalte erklärt und keineswegs als prognostisch ungünstig eingestuft. Sie könnte sogar das erste Stadium der Remission sein (Tölle & Windgassen 2003, 215).
Eine Fortsetzung der Musiktherapie wäre durchaus indiziert und Erfolg versprechend gewesen und das Therapieende kam so gesehen zu früh. Mit diesem Umstand müssen wir allerdings bei unserer Arbeit in einem institutionellen Rahmen häufig fertig werden, da Behandlungsplanung und Aufenthaltsverläufe von einem multiprofessionellen Team bestimmt und geprägt werden, in welchem die Musiktherapie einen Teil eines größeren Ganzen ausmacht.
Um diesen Fall noch besser einordnen zu können, möchte ich Ihnen einen zweiten vorstellen, mit dem es einige Gemeinsamkeiten gibt, der sich aber insbesondere hinsichtlich der Ausgangssituation in einigen wesentlichen Aspekten vom eben geschilderten unterscheidet.

Fallbeispiel 2

Es handelt sich im Folgenden um Herrn F. (20 Jahre), der an Hebephrenie erkrankt ist und nach einem Aufenthalt in einer psychiatrischen Akutklinik in die Einrichtung kommt. Er wohnt im Elternhaus in erreichbarer Entfernung, so dass eine teilstationäre, also tagesklinische Aufnahme im Sinne einer wohnortnahen Rehabilitation möglich ist.
Die psychotische Symptomatik hat sich bei Aufnahme weitgehend zurückgebildet. Im Vordergrund stehen derzeit Erschöpfungszustände, Stimmungsschwankungen, Antriebsmangel, geringe Frustrationstoleranz und Belastbarkeit. Ziele der Reha-Maßnahme sind eine weitere Stabilisierung der psychischen Verfassung, sowie Entwicklung von Krankheitseinsicht und Erarbeiten von Bewältigungsstrategien im Umgang mit der Krankheit. Nachdem Herr F. die Schule abgebrochen hatte, geht es auch um Unterstützung bei der Berufsfindung. Die Mutter des Klienten kam bei einem Verkehrsunfall ums Leben, als er 14 Jahre alt war. Derzeit wohnt Herr F. bei seinem Vater und dessen Mutter, die nach dem Unfall dazu gezogen war und seitdem den Familienhaushalt führt. Es gibt noch eine ältere Schwester, die ein Jahr nach dem Unfall der Mutter auszog und seitdem mit dem Vater im Streit lebt.
Der Klient kommt in die Musiktherapie und zeigt sich zunächst von seiner besten Seite. Er versucht, einen guten Eindruck zu machen und gibt an, große Pläne zu haben. Er wolle auf die Schule, um ein erfolgreicher Geschäftsmann oder Schauspieler zu werden. Es habe in seinem Leben einige dunkle Ereignisse gegeben, die sein Leben überschattet hätten und an die er nicht gerne denke.

Anfangsmusik

Herr F. wählt die Conga. Sie erinnere ihn an die Welt der Mutter und deren Familie, in der es afrikanische Wurzeln gebe. Er stimmt einen komplizierten Rhythmus an und führt ihn vor wie bei einem Auftritt. Dabei scheint er sich selber zu jagen, verhaspelt sich, wirkt gestresst. Sein Spiel klingt stereotyp, unbeweglich und ausdruckslos. Ein Kontakt kann nicht entstehen. In der Gegenübertragung fühle ich mich allein gelassen und unter Leistungsdruck

Schnell wird klar, dass Herr F. den Verlust der Mutter noch nicht verarbeitet hat. Sie ist in seinem Leben noch allgegenwärtig. Manchmal habe er das Gefühl, gleich gehe die Tür auf und sie komme nach Hause. Die Großmutter lehnt er ab. Er sagt, sie wolle die Mutter verdrängen und ihren Platz einnehmen. Er teilt sein Leben in zwei Hälften: Vor dem Unfall sei es heil, unbeschwert und schön gewesen, danach trist, leer und kühl.
Auch in der Auseinandersetzung mit der aktuellen Lebenssituation wird immer klarer, dass Anspruch und Wirklichkeit weit auseinander klaffen. Die erhofften Pläne lassen sich nämlich nicht so ohne weiteres umsetzen. Probleme im Alltagsleben und bedrückende Stimmungen gewinnen häufig die Oberhand. Der Klient äußert Suizidgedanken, vermutet überall Schwierigkeiten und Hindernisse und findet es in solchen Situationen besser, nicht mehr leben zu müssen. Versagensängste werden spürbar und eine Sehnsucht, bei der Mutter zu sein, die ganze Last abladen zu können.
Der Leidensdruck wächst und damit die Einsicht, sich diesen unangenehmen Themen stellen zu müssen. So gelingt eine schrittweise Annäherung an das Ereignis des tödlichen Unfalls.

Unfallbewältigung

In einer musikalischen Improvisation für die Mutter wählt Herr F. das Klavier. Er wirkt zunächst lustlos, zögerlich. Mit zwei Fingern spielt er dunkle Töne, versucht einen hölzernen Rhythmus. In der Gegenübertragung spüre ich den Impuls, ihm tragenden Halt zu geben und wähle dazu die Oceandrum. Sein Spiel wird intensiver, verbreitert sich, geht in extreme Lagen, wechselt zwischen dumpfen Klängen und spitzen Staccati, Resignation und aggressivem Aufbäumen, zwischen Aufgeben und Trotz, Rebellion, Auflehnung. Cluster folgen, mit vollen Händen, dann mit den Unterarmen, bis er sich schließlich mit dem ganzen Oberkörper auf die Tastatur legt und, indem er so eine zeitlang verharrt, dem Nachklang des Instrumentes lauscht.
Im Anschluss ist Erleichterung spürbar, aber auch eine gewisse Verlegenheit darüber, so viel von sich gezeigt zu haben.
Vorausgegangen war seine Feststellung, er spüre derzeit des öfteren ein Gefühl der Enttäuschung. Er habe das Gefühl, durch den Tod der Mutter seine Kindheit verloren zu haben. Das mache ihn traurig, aber auch wütend, – wütend darüber, dass sie sich „verpisst“ habe.

In der Folge verändert sich das Spiel des Klienten. Die Rhythmen sind zwar teilweise noch dieselben, aber sie klingen beseelter. Die dynamische Bandbreite nimmt zu, das Spiel wird offener, zugänglicher. Eine Phase der intensiven Trauerarbeit und Auseinandersetzung mit der Mutter und ihrem Unfall schließt sich an.

Trauerarbeit

Bei der Trauerbewältigung habe ich mich an dem Phasenmodell nach Bowlby (1980) orientiert. Demnach verläuft Trauerverarbeitung in vier Phasen:

1. Schock: Starre, Gefühlstaubheit, nicht Realisieren des Geschehenen.
2. Protest und Weinen: Intensive Gefühle des Verlustes, Suchverhalten (ist nach Bowlbys Bindungstheorie bei allen Lebewesen anzutreffen), das Verlorene zurückholen wollen.
3. Desorganisation und Verzweiflung: Verlust wird realisiert, Rückzug, Resignation, Trauerstimmung.
4. Lösung und Neuorganisation: Verlust akzeptieren, Loslassen der alten Beziehung, neue Identitätsfindung, neue Beziehungen.

A. Heinz (2003) führt dazu weiter aus, dass bei einem unvorhergesehenen, plötzlichen Tod die emotionale Verarbeitung erschwert ist und länger dauert, als bei einem vorhersehbaren Tod. Betroffene verleugnen oft lange Zeit die Tatsache und erwarten den Verstorbenen zurück, als versuchten sie, einen unerträglichen Schmerz fernzuhalten. Sie weigern sich, das Geschehene zu akzeptieren, sehen es als falsch, ungerecht an, ohne Sinn. Suizidtendenzen können Ausdruck davon sein, mit dem Verstorbenen wieder verbunden sein zu wollen. Auch das jugendliche Alter von Betroffenen gilt als erschwerender Faktor, weil der jugendliche Idealismus, das unbeschwerte Lebensgefühl der Jugend in Frage gestellt wird.
Eine emotionale Verarbeitung von Trauer hat dann stattgefunden, wenn der Trauernde Erinnerungen an den Verlust nicht mehr vermeiden muss und wenn nach wiederholtem Durcharbeiten (Konfrontieren) die positive Erinnerung den Schmerz überwiegt. Emotionale Akzeptanz kann allerdings selten vollständig sein und dies wird für eine geglückte Trauerbewältigung auch nicht als notwendig erachtet. Trauerphasen können weiterhin wellenförmig zurückkehren (z. B. ausgelöst durch Todestage). Solange diese den Betroffenen nicht mehr daran hindern, im aktuellen Leben zurechtzukommen, sind sie nicht als problematisch anzusehen.
Entscheidend für die vierte Phase der Trauerverarbeitung ist, dass der Trauernde sich vom Toten verabschieden kann. Ihn gehen lassen heißt, selber ins Leben zurückkehren zu können.

Vater/Sohn-Konflikt

Das Verhältnis des Klienten zum Vater ist von Anfang an problematisch. Der Vater verkörpert das Leistungs- und Erfolgsdenken. Er geht die Probleme kopfgesteuert an, bewältigt Schwierigkeiten für sich alleine in der Arbeit. Wenn er dann nach Hause kommt, hat er für alles eine Lösung. Probleme scheint es nicht zu geben. An seinen Sohn stellt er die Erwartung, bald einen Schulabschluss zu machen und einen Beruf zu ergreifen. Er solle die Vergangenheit endlich hinter sich lassen, nach vorne blicken und sein Leben in die Hand nehmen. Herr F. fühlt sich dazu aber nicht in der Lage, so sehr er es auch versucht. Er findet den Vater oberflächlich und wirft ihm vor, sich nicht mit dem Tod der Mutter auseinandergesetzt zu haben, gibt ihm sogar eine Mitschuld am Unfall. Er fühlt sich vom Vater unverstanden und mit seinem Schmerz und seinen Schwierigkeiten im Stich gelassen. Eine Verständigung ist kaum möglich. Andererseits hängt er emotional am Vater, sucht Orientierung und Unterstützung, erhofft sich Hilfe bei der Bewältigung der Probleme, denen er sich nicht gewachsen fühlt. Insgeheim sieht er den Vater sogar als Garanten für das Erreichen seiner Lebensziele an.

Während der Maßnahme startet Herr F. einen Schulversuch, um sein Ziel ‚Schulabschluss' in Angriff zu nehmen. Doch bereits nach wenigen Wochen stellt sich heraus, dass er dieser Belastung noch nicht gewachsen ist. Er findet bei den Mitschülern nicht in dem Umfang Anschluss, wie er sich das erhofft hatte. Seine Krankheit empfindet er wie eine Stigmatisierung, einen Makel auf seiner Stirn, der für alle sichtbar ist und der dazu führt, dass er gemieden wird. Auch von der Konzentrationsfähigkeit her ist es ihm nicht möglich, die gestellten Aufgaben im Unterricht zu bewältigen, so dass er den Schulversuch abbricht.

Dies wird als Versagen erlebt und als Niederlage gegen den Vater. Die erste Reaktion ist Resignation. Er tendiert dazu, sich aufzugeben und dem Vater Recht zu geben, indem er ihm weiter die Planung seines Lebens überlässt.

Alsbald regt sich aber Widerstand. Er spürt den Druck des Vaters und stellt sich die Frage, ob der eingeschlagene Weg der einzig mögliche für ihn sei oder ob es nicht eine ihm angemessenere Lösung gebe. Schule war noch nie seine Stärke, vielleicht wäre es sinnvoller, eine Lehre zu machen und sich damit für einen einfacheren, aber erreichbaren Weg zu entscheiden. Dies bedeutet Auseinandersetzung mit dem Vater, sich gegen ihn abzugrenzen und mit eigenen Vorstellungen zu behaupten.

Dieser Prozess nimmt einen Großteil der weiteren Therapie in Anspruch. Der Vater zeigt sich nach anfänglicher Skepsis kooperativ und kann im Rahmen der Angehörigenarbeit in den Therapieprozess einbezogen werden. Im Zuge einer intensiven Interaktion zwischen Vater und Sohn, die immer wieder begleitet und unterstützt werden muss, kann allmählich eine Ebene der Verständigung aufgebaut werden. Auf beiden Seiten ist ein Lernprozess notwendig, der letztlich zum Erkennen und Respektieren der unterschiedlichen Herangehens- und Verarbeitungsweisen von Erlebnissen und Erfahrungen im Allgemeinen, aber auch im konkreten Fall führt. Beide müssen zu verstehen lernen, dass sie von demselben Ereignis auf völlig unterschiedliche Weise betroffen sind: Der Vater trauert um die Ehefrau, der Sohn trauert um die Mutter.

Der Vater ist wieder eine Partnerschaft eingegangen und plant, dass seine neue Partnerin bei der Familie einzieht. Dadurch bekommt er für den Sohn Orientierungs- und Vorbildfunktion im Hinblick auf eine positive Vergangenheitsbewältigung, auch wenn dieser zunächst mit Ablehnung und Verlustängsten dem Vater gegenüber reagiert. Ein ganz wesentlicher Punkt besteht auch darin, dass die Vergangenheit nicht mehr ausgeblendet wird und dass die Mutter wieder einen Platz in der Familie bekommt. Damit wird eine realistische Auseinandersetzung mit ihr möglich. Frühere Idealisierungen können aufgelöst werden, was im Sinne der Trauertherapie von großer Wichtigkeit ist.

Loslösung

Herr F. entwickelt zunehmend Eigeninitiative und bemüht sich um ein Praktikum. Nachdem er noch nicht weiß, in welche Richtung es beruflich für ihn gehen könnte, beschließt er, an einer einjährigen berufsvorbereitenden Fördermaßnahme teilzunehmen, was bedeuten würde, dass er von Zuhause auszieht und in einer betreuten Wohngemeinschaft wohnt. Damit würde er einen Entwicklungsschritt nachholen, den er sich bisher noch nicht zugetraut hatte und der üblicherweise in der Zeit der Pubertät stattfindet. Es geht dabei um die Loslösung vom Elternhaus und die eigene Identitätsfindung. Während der Pubertät konnte dieser Schritt nicht stattfinden, weil damals seine Mutter ihm zuvorkam und „sich verabschiedete“, so dass er bleiben musste, um nicht jeglichen Halt zu verlieren. Im Setting mit einem männlichen Therapeuten kann der anstehende Loslösungs- und Selbstfindungsprozess jetzt vollzogen werden. Der anstehende Auszug aus dem Elternhaus ist zwar noch von Ängsten begleitet, aber auch von Neugier und Zuversicht. Die geplante Berufsfindungsmaßnahme könnte Herrn F. bei diesem Prozess weiter unterstützen und ihm helfen, eine positive, in die Zukunft gerichtete Lebensperspektive zu entwickeln.

Abschied

Nach einem etwa zweijährigen Aufenthalt in der Rehabilitation und ca. 60 Stunden Einzel-Musiktherapie verlässt Herr F. mit einem klaren Bekenntnis zum Leben die Einrichtung. Er sagt, er spüre seine Kraft und wolle etwas damit machen.
Die Reha sei schwer gewesen und habe ihm alles abverlangt. Er sei oft nah dran gewesen aufzugeben. In der Musiktherapie habe er gelernt zu kämpfen. Früher habe er gedacht, wenn das Leben schwierig und von unglücklichen Schicksalsschlägen geprägt sei, sei es besser, nicht zu leben. Doch jetzt wisse er, dass Schwierigkeiten zum Leben gehören. Die Krankheit habe ihm zwar schwer zugesetzt, habe ihn aber auch positiv verändert. Sie habe ihn stärker und reifer gemacht.

Ist das Kaninchen hier der Schlange entkommen? Wir sind geneigt, die Frage zu bejahen. Mehrere Faktoren sprechen dafür: Während des zweijährigen Aufenthaltes gab es keinen akuten Rückfall. Auch charakteristische Symptome im Sinne eines Residualsyndroms (Brunnhuber & Lieb 2000, 107 f.) haben sich nicht gezeigt. Zudem haben sich durch eine positive Veränderung der Familienatmosphäre die Umweltfaktoren günstig entwickelt, was ebenfalls als wichtiger Faktor zum Erstellen einer Prognose angesehen wird. Eine soziale Remission und erfolgreiche Berufsfindung scheinen hier gute Chancen zu haben, allerdings wird die weitere Entwicklung in hohem Maße davon abhängen, ob es dem Klienten gelingt, den eingeschlagenen Weg fortzusetzen und die emotionale Stabilität weiter zu festigen.

Zur Rolle der Musik

Grundsätzlich kann man sagen, dass Musik für jeden Menschen emotional sehr individuell besetzt ist und daher auch im musiktherapeutischen Setting ganz unterschiedliche Funktionen einnehmen kann. In der musiktherapeutischen Improvisation wird „dem Klienten ein Raum angeboten, in dem er sich musikalisch frei ausdrücken kann, und dabei vom Musiktherapeuten in einer Haltung offener, sich einfühlender Antwortbereitschaft begleitet wird“ (Timmermann 2002, 2). So kann ein Dialog entstehen, der zum Kontakt mit sonst verschlossenen tieferen Schichten und Gefühlen, aber auch zu einer intensiven Begegnung mit dem Spielpartner führen kann.

In beiden dargestellten Fällen konnte über die Musik eine vertrauensvolle und tragfähige therapeutische Beziehung aufgebaut werden, die für den Verlauf der Therapie von entscheidender Wichtigkeit ist. Die therapeutische Haltung der Empathie, für die als ein wesentliches Charakteristikum das Erfassen von affektiven Zuständen durch ein Sich-Hineinversetzen in den Klienten und seine Perspektive (Piegler 2001) angesehen wird, kann mit Hilfe der Musik durch die Ebene der emotionalen Resonanz noch intensiviert werden. Sich in der gemeinsamen Improvisation auf einer tiefen Ebene auf die Erfahrungswirklichkeit des Klienten einschwingen zu können (Gindl 2000), stellt sich in der Praxis als unschätzbares Hilfsmittel in der Beziehungsarbeit heraus und kann schwer in Gang kommenden oder stagnierenden Prozessen Schwung und Dynamik verleihen.

Im zweiten Fallbeispiel fällt auf, dass der Musik von Beginn an eine symbolische Bedeutung zukommt. Durch die Wahl des Instrumentes (Conga, Djembe) stellt Herr F. ganz bewusst einen Kontakt zur Welt seiner Mutter her. In der Art seines Spiels wird zudem die Welt des Vaters erfahrbar (Leistungsanspruch und Wettbewerb, Rivalität). Musikalische Aktion wird hier zunächst als Entlastung empfunden, die Erleichterung von psychischem Druck verschafft. Im weiteren Verlauf geht es in einem differenzierteren Spiel um Kontakt und Dialog, um die Suche nach Orientierung und Sicherheit, aber auch um Abgrenzung und Reibung. Die Suche nach emotionalem Halt steht in beiden Beispielen immer wieder im Vordergrund. Dieses „Holding“ (Winnicott 1973) stellt insbesondere im ersten Fall die entscheidende Komponente zum Aufbau einer einigermaßen stabilen emotionalen Basis dar. Hier geht es um das „Prinzip Mutter“ und das Erfüllen eines ungestillten lebenswichtigen Grundbedürfnissen, das als Defizit zum Bewusstsein kommt.

Auch im beschriebenen Klavierspiel des zweiten Fallbeispiels geht es um etwas Mütterliches. Hier hat man das Gefühl, das Instrument wird zum Ersatz oder Symbol für die Mutter im Sinne eines Übergangsobjektes (Winnicott 1976). Das taktile Hauptmerkmal der Weichheit eines Kuscheltieres wird bei der Musik m. E. auf die akustische Sinnesebene übersetzt. Es findet gewissermaßen ein musikalisches Streicheln statt, was wir umso mehr nachvollziehen können, wenn wir an die emotionale Komponente denken, welche Musik beinhalten kann.

Synthese

Wie wir gesehen haben, kann der Musiktherapeut in der Rolle des Schlangenbeschwörers in vielen Fällen einen wesentlichen Beitrag dazu leisten, dass „das Kaninchen nicht von der Schlange gefressen wird." In der psychiatrischen Rehabilitation ist die Musiktherapie gerade durch ihre methodische Offenheit und Variabilität ein anerkanntes und geeignetes psychotherapeutisches Verfahren. Ob sich allerdings ein Reha-Verlauf in Richtung Remission oder Chronifizierung entwickelt, hängt von einem mulitfaktoriellen Gesamtbild der Erkrankung und von psychosozialen Einflüssen ab und lässt sich in vielen Fällen schwer vorhersagen. Viele Verläufe haben bereits zu Beginn der Maßnahme ein chronisches Stadium erreicht, so dass das angestrebte Ziel nur ein Leben mit der Krankheit unter bestmöglicher Lebensqualität bedeuten kann.
Allgemein geht man heute davon aus, dass ungefähr 60% der an Schizophrenie Erkrankten eine so genannte „soziale Remission" mit Erwerbstätigkeit erreichen. Durch weitere Verbesserung der Therapie könne dieser Anteil vermutlich noch erhöht werden (Tölle & Windgassen 2003, 206). Inaktivität und Isolierung während der Behandlung (Unterstimulation) wirken sich ungünstig auf den Verlauf aus. Aktivität und ein vielseitiges Therapiekonzept haben sich als förderlich erwiesen und beugen einer Chronifizierung vor. Allerdings gilt gerade für die Psychotherapie, dass Bewältigungs- und Reifungsprozesse Zeit brauchen und nicht erzwungen werden können. Zeitdruck muss generell als kontraproduktiv angesehen werden.

Musiktherapie im multiprofessionellen Team einer psychiatrischen Rehabilitationseinrichtung

Was versteht man unter einer psychiatrischen Reha-Einrichtung und was ist ihre Zielsetzung? Wie schon mehrfach erwähnt, haben vor allem schizophrene Psychosen meist einen chronischen Verlauf. Die akute Symptomatik zu behandeln und zu beheben, reicht nicht aus. Im Anschluss daran bedarf es einer Langzeitbehandlung, um das verloren gegangene Selbstwertgefühl wieder aufzubauen, den Zugang zu verschüttete Ressourcen wieder zu finden, Wohlbefinden und Belastbarkeit zu stärken, zwischenmenschliche Beziehungen wieder anzubahnen und gegen Rückfälle zu schützen. Dies geschieht entweder ambulant, oder in so genannten Übergangseinrichtungen und umfasst psycho-, sozio- und pharmakotherapeutische Maßnahmen (Tölle & Windgassen 2003, 226). Das Ziel solcher Rehabilitationsmaßnahmen ist eine weitgehende soziale Remission. Ihr Nutzen ist erwiesen. Langzeitstudien aus den USA ergaben bei geförderten – meist schizophrenen – Patienten weniger psychische Beeinträchtigung, funktionelle Einschränkung und soziale sowie berufliche Benachteiligung im Vergleich zu nicht geförderten. Bei realistischer Zielsetzung waren die Maßnahmen bei 50–80% der untersuchten Patienten erfolgreich (Tölle & Windgassen 2003, 387 f.).

In der Rehabilitationseinrichtung, auf die sich diese Ausführungen beziehen, stellt die Musiktherapie neben anderen kreativen und körperorientierten Verfahren ein zentrales psychotherapeutisches Verfahren dar. Sie wird als Einzel- und Gruppentherapie angeboten. Arbeitsweise und Struktur der Einrichtung wird getragen von den Prinzipien der „Therapeutischen Gemeinschaft" nach Maxwell Jones. Ein multiprofessionelles Team, in dem alle relevanten Bereiche der Einrichtung vertreten sind, trifft sich wöchentlich in der Rehabilitationskonferenz. Alle wichtigen Entscheidungen zu Rehabilitationsplanung, Therapieverlauf, Zielsetzung und Zusammenarbeit werden hier diskutiert und getroffen. Im Rahmen der Reflexion des Therapieverlaufes kommt aus den nicht-psychotherapeutischen Bereichen häufig die Frage nach der Wirksamkeit und Überprüfbarkeit dessen, was in der Psychotherapie geschieht. Im Interesse einer konstruktiven Zusammenarbeit unter dem Aspekt gegenseitiger Unterstützung ist es in der Praxis von großer Wichtigkeit, wie wir im Team unsere musiktherapeutische Arbeit vermitteln und kommunizieren. In unserem Fall hat es sich bewährt, „musiktherapeutische Indikations- und Zuweisungskriterien" zu erarbeiten und diese den anderen Teams zur Verfügung zu stellen. Dadurch konnte eine gezieltere fall- und diagnosebezogene Zuweisung zur Musiktherapie erfolgen. Eine wirkungsvolle Möglichkeit, Berührungsängste und Vorbehalte abzubauen und neuen Mitarbeitern die Gelegenheit zu geben, das Verfahren kennen zu lernen besteht auch darin, sie in Gruppensitzungen einzuladen. Wir sollten in diesem Zusammenhang bedenken, dass die Musiktherapie gerade in solchen Institutionen einen hohen Stellenwert genießt, in denen z. B. ein Klinikleiter, Chefarzt oder leitender Mitarbeiter persönlich von dem Verfahren überzeugt ist. Wenn es uns gelingt, unsere Arbeit transparent und überzeugend darzustellen, ist dies die beste und wirkungsvollste Werbung in eigener Sache.

Allgemein ist derzeit ein Trend hin zur Forderung nach gezielten, diagnosebezogenen Behandlungskonzepten zu erkennen. Kürzlich wurde im TV-3sat eine Sendung zu diesem Thema ausgestrahlt. Deutschlandweit wurden verschiedene psychiatrische und psychosomatische Kliniken vorgestellt, Klinikleitungen und Chefärzte kamen zu Wort und beschäftigten sich mit dieser Frage. Der in den letzten Jahren enorm gestiegene wirtschaftliche Druck bringt die Träger der Einrichtungen in Zugzwang und lässt ihr hohes Interesse an solchen Themen verständlich erscheinen. Der Trend geht hin zur Steigerung von Effizienz und Transparenz der Behandlungen. Sicherlich kann auf diesem Gebiet einiges verbessert und weiterentwickelt werden. Die psychotherapeutischen Verfahren sind gefordert, auf Zeitströmungen und sich verändernde Parameter zu reagieren. Es gibt bereits Ansätze, welche in diese Richtung weisen, man denke etwa an die Konzepte zur Therapie der Borderline-Persönlichkeitsstörung. Allerdings muss in diesem Zusammenhang auch betont werden, dass effizientere Therapie nicht gleichgesetzt werden kann mit Zeitersparnis und kürzerem Verlauf. Erfolgreiche Therapien brauchen Zeit. Eine Therapieverkürzung bedeutet in vielen Fällen eine qualitative Verschlechterung der Behandlung (siehe dazu Studien, vorgestellt von Dr. Ch. Gold auf derselben Tagung).

Auswirkungen der Gesundheitsreform und der Sparpolitik der Kostenträger

Damit kommen wir zum Schluss zu einem heiklen und schwierigen Thema. Es erscheint mir allerdings notwendig, angesichts der gesundheitspolitischen Entwicklung in einem Rahmen wie dieser Tagung darauf einzugehen.
Gesundheitspolitik und Sparpolitik der Kostenträger wirken sich in vielerlei Hinsicht belastend und beeinträchtigend auf unsere Arbeit aus. Es beginnt damit, dass die Kosten für notwendige Therapien nicht übernommen werden oder dass nur eine ambulante Maßnahme finanziert wird, wo eine stationäre nötig wäre. Die Kostenzusage lässt manchmal länger auf sich warten und fällt im Vergleich zu früher häufig kürzer aus. Dies erhöht die Bürokratie in den Einrichtungen, weil in kürzeren Intervallen neue Kostenverlängerungsanträge erstellt und Leistungsnachweise erbracht werden müssen. Es wurden in letzter Zeit noch eine Reihe anderer Strategien, wie Kostenträger Geld einzusparen versuchen, beobachtet, die ich hier aber nicht alle ausführen möchte. Tatsache ist allerdings, dass all diese Sparmaßnahmen zu rückläufigen Belegungszahlen geführt und manche Einrichtung in eine prekäre wirtschaftliche Lage gebracht haben. Dies kann zu Einsparungen im Personalbereich und zur Streichung von Arbeitsplätzen führen. Die Musiktherapie ist zusammen mit den anderen kreativen und nonverbalen Verfahren besonders betroffen, weil diese Verfahren rechtlich nicht genügend abgesichert sind. Aufgrund einer mangelnden konzeptionellen Verortung in sozial- und leistungsrechtlicher Hinsicht bewegen wir uns vielfach im luftleeren Raum.
Aus der dargestellten Problematik ergeben sich m. E. in berufspolitischer Hinsicht zwei Notwendigkeiten:
Erstens eine Verbesserung der sozialrechtlichen Situation für Musiktherapeuten. Ich verweise in diesem Zusammenhang auf einen Vortrag von Prof. Dr. Peter Mrozynski zum Thema: Musiktherapie und Sozialrecht (2005). Prof. Mrozynski fordert darin, den Komplex der nicht ärztlichen Heilberufe gesetzlich zu regeln und die Musiktherapie speziell oder zusammen mit anderen kreativen/künstlerischen Therapien als Teil dieser nicht ärztlichen Heilberufe konzeptionell zu verorten. Wenn es in diesem Zusammenhang den Berufsverbänden in Deutschland gelingen würde, eine sozialrechtliche Verbesserung zu bewirken, wäre das ein großer Gewinn für die Musiktherapie und alle musiktherapeutisch Tätigen!
Ich sehe noch eine zweite Notwendigkeit aus der musiktherapeutischen Praxis, nämlich die, die Ausbildung zum Musiktherapeuten noch praxisbezogener zu gestalten. Damit meine ich, dass die Praxisfelder der Musiktherapie stärker in die Ausbildung einbezogen werden sollten, etwa in Form einer gezielten Auseinandersetzung mit den Gegebenheiten in den verschiedenen Einrichtungen, bezogen auf Klientel, Krankheitsbilder, adäquate Therapieansätze, Indikationen, Kontraindika-

tionen, usw. Der Begriff der diagnosebezogenen Therapie ist heute schon gefallen. Ich denke, das ist der Trend, der von uns gefordert wird und der uns die fundierten Kompetenzen verleiht, mit denen wir im Berufsleben bestehen können. Nach meiner Erfahrung hat bei Bewerbungen auf dem Stellenmarkt derjenige die größten Chancen die Stelle zu bekommen, der sich vor allen Dingen auch im Hinblick auf die Gegebenheiten und Besonderheiten des betreffenden Arbeitsfeldes am kompetentesten erweist. Mein Vorschlag wäre in diesem Zusammenhang die Einführung des Faches „Angewandte Musiktherapie" in den Lehrplänen der musiktherapeutischen Ausbildungsinstitute.

Die gesundheitspolitische Situation in Deutschland ist nicht einfacher geworden und damit auch nicht die berufliche Situation der Musiktherapeuten. Um dem zu begegnen, brauchen wir zwei Blickrichtungen; die nach innen und die nach außen gleichermaßen. Den Blick nach innen, um uns gegenseitig zu stärken, unsere Identität zu festigen und zu vertiefen und unsere Theorien und Methoden weiterzuentwickeln. Den Blick nach außen, um den Kontakt zur Realität nicht zu verlieren, um in ihr bestehen zu können und die Arbeit, von der wir überzeugt sind, auch in Zukunft ausüben zu können. Dass dies gelingen möge, wünsche ich uns allen und schließe mit einem Satz von T. Piegler (2001, 52): „Auch unsere geistigen Väter haben schwere Zeiten gemeistert und sich die Freude an ihrer Arbeit nicht nehmen lassen."

Anlage zum Autorenregister:

Manfred Burghardt, M.A.

Musiktherapie- und Kontrabassstudium in Wien; Philosophiestudium in München; seit 1978 Musiktherapeut im Bezirkskrankenhaus Haar.
Musiktherapie, Bezirkskrankenhaus Haar, 85540 Haar
burghardt@krankenhaus-haar.de

Prof. Dr. Jos de Backer

Professor für Musiktherapie am „College for Science and Art", Campus Lemmensinstituut, Leuven, Belgien; Leiter der Musiktherapieabteilung, University Centre St. Jozef, Kortenberg, Belgien; Präsident der European Music Therapy Confederation.
University Centre St. Jozef, Leuvensesteenweg 517, 3070 Kortenberg, Belgien
jos.de.backer@uc-kortenberg.be

Dr. med. Alois M. Fürmaier

Facharzt für psychotherapeutische Medizin und Psychiatrie, arbeitet als Psychoanalytiker und Psychiater in eigener Praxis in Prien/Chiemsee und München, Ausbilder und Lehranalytiker bei der DGPT u. a. Instituten, seit 1991 als Supervisor im Bezirkskrankenhaus Haar tätig.
Herzogstrasse 1/V, 80803 München
Praxis@fuermaier.de

Christian Gold, PhD

Musiktherapeut; Research Associate Professor an der Griegakademiet – Institut for musikk Universitetet, Bergen, Norwegen; Mitherausgeber des Nordic Journal of Music Therapy.
Griegakademiet – Institut for musikk Universitetet i Bergen
Lars Hilles gate 3, 5015 Bergen, Norwegen
christian.gold@grieg.uib.no

Heiko Isermann

Musiktherapiestudium an der Hogeschool Enschede, musiktherapeutische Tätigkeit in den Rheinischen Kliniken Essen, seit 2004 in der Westfälischen Klinik Marsberg, u. a. im Bereich der Rehabilitation von Psychosepatienten.
Musiktherapie, Westfälische Klinik Marsberg, Weist 45, 34431 Marsberg
heiko.isermann@musiktherapie.de

Ute Rentmeister, Mag.[a] art

Musiktherapeutin (Uni Wien), Diplom-Sozialpädagogin (FH), Kinder- und Jugendlichenpsychotherapeutin, seit 1994 musiktherapeutische Tätigkeit in der Psychiatrie.
Musiktherapie, Bezirkskrankenhaus Haar, 85540 Haar
rentmeister@krankenhaus-haar.de

Dr. Dorothee Storz

Musiktherapeutin und Psychotherapeutin. Langjährige Lehrtätigkeit an der Universität für Musik und darstellende Kunst Wien sowie langjährige musiktherapeutische Arbeit in der Psychiatrie. Gründungsmitglied des Österreichischen Berufsverbandes der MusiktherapeutInnen und des Wiener Institutes für Musiktherapie; Mitherausgeberin der Buchreihe »Wiener Beiträge zur Musiktherapie«.
Kettenbrückengasse 17/10, A 1050 Wien,
dorothee.storz@wienkav.at

Walter Tröbinger

Musiktherapeut (BVM), Musiklehrer, Musikstudium in München, Psychologie an der Universität Salzburg, Musiktherapie-Ausbildung am Freien Musikzentrum München, Musiktherapeutische Tätigkeit in der psychiatrischen Rehabilitation mit Jugendlichen und Erwachsenen.
Musiktherapie, Reha-Zentrum Isarwinkel, Krankenhausstrasse 37, 83646 Bad Tölz
PRE-musik@rehazentrum-isarwinkel.de

Literaturverzeichnis

Storz

Ciompi, L. (1982): Affektlogik. Stuttgart

Federn, P. (1956): Ich-Psychologie und die Psychosen. Bern, Stuttgart, Toronto

Jelem, H. (1997): Systeme in der stationären Rehabilitation – mit besonderem Bezug auf Patienten mit Psychosen und Borderline-Störungen. In: Institut für Systemische Therapie (Hg.): Galilei und die Wühlmaus. Systemische Ansätze in der Psychiatrie. Wien

Lempa, G. (1992): Zur psychoanalytischen Theorie der psychotischen Symptombildung. In: Mentzos, S. (Hg): Psychose und Konflikt. Göttingen

Mentzos, S. (1992): Psychodynamische Modelle in der Psychiatrie. Göttingen

Mentzos, S. (1992): Psychose und Konflikt. Göttingen

Mentzos, S. (1992): Psychodynamische Modelle in der Psychiatrie. Göttingen

Oberlehner, F. (1999): Reines Gold oder Kupferlegierung? Kurztherapie als Teil und als Gegen-Teil von Psychoanalyse. Texte, Heft 2/99, 19. Jg.

Storz, D. (2000): Musiktherapeutische Techniken. In: Gerhard Stumm; Alfred Pritz (Hg.): Wörterbuch der Psychotherapie. Wien, New York

Storz, D. (2003): Fokale Musiktherapie. Entwicklung eines Modells psychodynamisch musiktherapeutischer Kurztherapie. Wien

Strobl, R. (1996): Leitlinien zur Psychotherapie schizophrener Psychosen. In: Strobl R. (Hg.): Schizophrenie und Psychotherapie. Wien

Strupp, H.; Binder, J. (1993): Kurzpsychotherapie. Stuttgart

Walter, B. (1947): Thema und Variationen. Frankfurt

Weghaupt, A. (1998): Psychoanalytische Kurztherapie: Ein Überblick. Psychotherapie Forum, Vol. 6 No. 4

Wigram, T. (2003): Improvisation. London, New York

Isermann

Bruscia, K. E. (1987): Improvisational models of music therapy. Springfield, Illinois

Drieschner, K. & Pioch, A. (2000): Muziektherapie op maat. Tijdschrift voor Creatieve Therapie, 3, 9–17

Gold, C.; Heldal, T. O.; Dahle T. & Wigram T. (2005): Music therapy for schizophrenia or schizophrenia-like illnesses (Cochrane review). The Cochrane Library, Issue 2. Chichester, UK

Isermann, H. (2001): Einzelfalluntersuchung einer Gruppenmusiktherapie mit schizophrenen Patienten. Abschlussarbeit an der Saxion Hogeschool Enschede

Moreau, D. von (1996): Entwicklung und Evaluation eines Beschreibungssystems (MAKS) zum Ausdrucks- und Kommunikationsverhalten in der Musiktherapie. Diplomarbeit im Fach Psychologie an der Bayerischen Julius-Maximilians-Universität Würzburg, Psychologisches Institut I

Reker, T. (1991): Music Therapy evaluated by schizophrenic patients. Psychiatrische Praxis, 18(6), 216–221

Smeijsters, H. (2003): Handboek creatieve therapie. Bussum

Ulrich, G. & Isermann, H. (2006): Schizofrenie und Psychosen. In: H. Smeijsters (Hg.): Handboek muziektherapie. Houten

De Backer

Bion, W. R. (1956): Development of schizophrenic thought. International Journal of Psychoanalysis 37. Auch veröffentlicht in: Bion, W. R. (1967): Second Thoughts. London, 36–42

Bion, W. R. (1957): Differentiation of the psychotic from the non-psychotic personalities. International Journal of Psychoanalysis 38, 266–272

Bion, W. R. (1962): A theory of thinking. International Journal of Psychoanalysis 43, 306–310

Bion, W. R. (1967): Second Thoughts. Selected Papers on Psycho-Analysis. London

Bion, W. R. (1975): Brazilian Lectures 2. Rio de Janeiro

Bruscia, K. (1987): Improvisational Models of Music Therapy. Springfield, Illinois

Casement, P. (1989): Leren van de Patiënt. De Dynamiek in de Psychotherapeutiche Relatie. Antwerpen

De Backer, J.; Van Camp, J. (1996): Muziektherapie in de behandeling van psychotische patiënten. In: De Hert, M.; Thys, E.; Peuskens, et al. (Hg.): Zin in Waanzin, de Wereld van Schizofrenie. Berchem, 179–193

De Backer, J.; Van Camp, J. (1999): Specific aspects of the music therapy relationship to psychiatry. In: T. Wigram; De Backer, J. (Hg.): Clinical Applications of Music Therapy in Psychiatry. London, 11–23

De Backer, J.; Van Camp, J. (2003 a): Herhaling en muzikale vorm in de psychose. In: Smet, J.; Van Bouwel; L.; en Vandenborre, R. (Hg.): Spreken en Gesproken Worden. Psychoanalyse en Psychosen. Leuven, 163–180

De Backer, J.; Van Camp, J. (2003 b): The case of Marianne. Repetition and Musical Form in Psychosis. In: Hadley, S. (Hg.): Psychodynamic Music Therapy: Case Studies. Gilsum, 273–298

Dührsen, S. (1999): Handlung und Symbol. Ambulante Analytisch Orientierte Therapie mit Psychosepatienten. Göttingen

Ehrenzweig, A. (1977): The Hidden Order of Art. Berkleley

Freud, S. (1911): Psychoanalytische Bemerkungen über einen Autobiographisch Beschriebenen Fall von Paranoia (Dementia Paranoides). Gesammelte Werke, Band VIII. Frankfurt

Freud, S. (1916–17): Vorlesungen zur Einführung in die Psychoanalyse. Zit. nach Studienausgabe (1989), Band 1. Frankfurt/M

Freud, S. (1925): Die Verneinung. Gesammelte Werke, Band XIV. Frankfurt

Gindl, B. (2001 b): „Anklang“ finden – emotionale Resonanz als psychotherapeutisches Grundprinzip. In: Storz D.; Oberegelsbacher D. (Hg.): Wiener Beiträge zur Musiktherapie, Band 3. Wien, 39–50

Gindl, B. (2002): Die Resonanz der Seele. Über ein Grundprinzip therapeutischer Beziehung. Paderborn

Jackson, M.; Williams, P. (1994): Unimaginable storms. London

Lacan, J. (1981) : Le Séminaire, Livre III, Les Psychoses (1955–1956). Texte établi par J.-A. Miller. Paris

Langer, S. (1953): Feeling and Form. London

Ogden, T. H. (1986): The Matrix of the Mind. Object Relations and the Psychoanalytic Dialogue. New Jersey

Ogden, T. H. (1992): The primitive Edge of Experiences. London

Ogden, T. H. (1994): Subjects of Analysis. Exeter

Ogden, T. H. (1997): Reverie and Interpretation. Sensing Something Human. New Jersey

Pedersen, I. N. (1998): The music therapist's listening perspectives as source of information in improvised musical duets with grown-up psychiatric patients suffering from schizophrenia. Nordic Journal of Music Therapy 6, 2, 98–111

Reik, T. (1975): Listening with the Third Ear. The Inner Experience of a Psychoanalyst. New York

Stern, D.; Bruschweiler-Stern, N.; Harrison, A.M.; et al. (1998): The process of therapeutic change involving implicit knowledge. Some implications of developmental observations for Adult psychotherapy. Infant Mental Health Journal 19, 300–3008

Stokes, A. (1965): The invitation in Art. London

Tustin, F. (1981): Autistic States in Children. London

Tustin, F. (1986): Autistic Barriers in Neurotic Patients. London

Tustin, F. (1990): The Projective Shell in Children and Adults. London

Van Bouwel, L. (1998): De onnoembare dreiging van het oneindige heelal. Bion en psychose. In: Dehing, J. (Red.): Een Bundel Intense Duisternis. Psychoanalytische Opstellen rond W. R. Bion. Leuven, 27–51

Van Bouwel, L. (1999 a): Ogden: The primitive edge of experience. Psychoanalytic Studies 17, 61–90

Van Bouwel, L. (1999 b): Muziektherapie in de psychiatrie. Over Orpheus die troost vond en Eurydice die in de stilte verzonken bleef. Adem 99, 4, 187–191

Van Bouwel, L. (2003): Van een projectiescherm naar een mentale ruimte. Residentiële psychotherapie met jonge psychotische patiënten. In: Smet, J.; Van Bouwel, L.; Vandenborre, R. (Hg.): Spreken en Gesproken Worden. Psychoanalyse en Psychosen. Leuven, 119–144

Van Camp, J. (1999 a): Reflections on music in music therapy. In: T. Wigram; De Backer, J. (Hg.): Clinical Applications of Music Therapy in Psychiatry. London, 263–266

Van Camp, J. (2000): Musik, Wiederholung und Ritual. Musiktherapeutische Umschau 21, 20–29

Van Camp, J. (2001): Muziek en voorstelling. Mededelingen/Communications. Tijdschrift van de Belgische School voor Psychoanalyse 1, 3–12

Van Camp, J. (2003 a): Tijd en tijdloosheid in de psychose. In: Smet, J.; Van Bouwel, L.; Vandenborre, R. (Red.): Spreken en Gesproken Worden. Psychoanalyse en Psychosen. Leuven, 145–163

Wigram, T. (2001): Lecture to the PhD seminar October 2001 (personal communication)

Wigram, T. (2004): Improvisation. Methods and Techniques for Music Therapy Clinicians, Educators and Students. London

Winnicott, D. W. (1960): The theory of the parent-infant relationship. In: The Maturational Processes and the Facilitating Environment. Studies in the Theory of Emotional Development. London

Winnicott, D. W. (1971): Playing and Reality. Chatham, Kent

Gold

Bruscia, K. E. (1998): Defining music therapy (2nd ed.). Gilsum

Gold, C.; Heldal, T. O.; Dahle, T.; Wigram, T. (2005): Music therapy for schizophrenia and schizophrenia-like illnesses (Cochrane Review), The Cochrane Library, Issue 2, 2005. Chichester, UK

Gold, C.; Stige B. (2005): New Guidelines for NJMT. Nordic Journal of Music Therapy, 14(1), 3

Oerter, U.; Scheytt-Holzer, N.; Kächele, H. (2001): Musiktherapie in der Psychiatrie: Versorgungslage und Stand der Forschung. Nervenheilkunde, 20(8), 428–433

Silverman, M. J. (2003): The influence of music on the symptoms of psychosis: A meta-analysis. Journal of Music Therapy, 40(1), 27–40

Tröbinger

Bowlby, J. (1983): Verlust, Trauer und Depression. Frankfurt/M.

Brunnhuber, S.; Lieb, K. (1993/2000): Psychiatrie, 4. Auflage, München, Jena

Gindl, B. (2000): Anklang finden – Emotionale Resonanz im musiktherapeutischen Prozess. Vortrag, Musiktherapie-Tagung, Freies Musikzentrum München

Heinz, A. (2003): Tod – Trauer – Trauma. Unveröffentlichte Diplomarbeit, LMU München

Kerenyi, K. (1966/87): Die Mythologie der Griechen, 9. Auflage, München

Mrozynski, P.; Flach, S. (2005): Musiktherapie und Sozialrecht. Jahrbuch Musiktherapie, Band 1, 97–106 (Hg. BVM)

Piegler, T. (2001): Psychodynamische Psychiatrie in der Klinik. In: Wolf, M.: Selbst, Objekt und der Grundkonflikt. Frankfurt/M

Timmermann, T. (2002): Musiktherapeutische Verwirklichungen psychotherapeutischer Techniken. Unveröffentlichtes Manuskript.

Tölle, R.; Windgassen, K. (1971/2003): Psychiatrie, 13. Auflage, Berlin, Heidelberg, New York

Weymann, E. (1999): Die Improvisation als „Mittler“ in der Musiktherapie. Beiträge zur Musiktherapie, Bd. 3, 39–49

Winnicott, D. W. (1973): Vom Spiel zur Kreativität. Stuttgart

Winnicott, D. W. (1976): Von der Kinderheilkunde zur Psychoanalyse. München